Lisa Dummer-Smoch

Mit Phantasie und Fehlerpflaster

Hilfen für Eltern und Lehrer legasthenischer Kinder

3., aktualisierte Auflage

Ernst Reinhardt Verlag München Basel

Dr. *Lisa Dummer-Smoch,* 15 Jahre Schuldienst, Psychologiestudium, Studien-direktorin im psychologischen Seminar der PH Kiel. Legasthenie-Diagnostik und Förderung seit 1973. Vorsitzende des Bundesverbandes Legasthenie e. V. 1983-1989.

Die Deutsche Bibliothek – CIP-Einheitsaufnahme

Dummer-Smoch, Lisa:
Mit Phantasie und Fehlerpflaster : Hilfen für Eltern und
Lehrer legasthenischer Kinder / Lisa Dummer-Smoch. –
3., aktualisierte Aufl. – München ; Basel : E. Reinhardt, 1998
ISBN 3-497-01459-1

© 1998 by Ernst Reinhardt, GmbH & Co, Verlag, München

Printed in Germany

Inhalt

Vorwort

Seit der ersten Auflage des Buches sind ein paar Jahre vergangen. In dieser Zeit sind in Deutschland zu den alten die neuen Bundesländer hinzugekommen und mit ihnen eine andere bildungspolitische Landschaft. In den meisten neuen Bundesländern sind bis heute die sogenannten LRS-Klassen erhalten geblieben. Das waren zur Zeit der DDR Klassen, in denen schwer legasthenische Kinder nach drei Schulbesuchsjahren Aufnahme fanden. In zwei weiteren Schuljahren wurden ihre Lese- und Rechtschreibleistungen aufgebaut und stabilisiert.

Die neuen Trends sind unterschiedlich: In einigen Ländern sollen diese Klassen auslaufen. In Mecklenburg-Vorpommern dagegen ist mit einem neuen Legasthenie-Erlaß vorerst der Bestand dieser Klassen gesichert, allerdings im Rahmen einer veränderten Konzeption: Die Früherfassung schwer legasthenischer Kinder und ihr Eintritt in die LRS-Klassen sollen bereits nach dem ersten Schulbesuchsjahr erfolgen. In weniger schweren Fällen ist die Förderung in kleinen Gruppen innerhalb der Schule vorgesehen.

Was die alten Bundesländer betrifft, gibt es in den Grundschulen generell das Bemühen um Früherfassung von Leselernschwierigkeiten. Hier haben der Arbeitskreis Grundschule und die Gruppe der Lesedidaktiker der "Deutschen Gesellschaft für Lesen und Schreiben" Gutes bewirkt.

Leider werden in den neuen Konzepten für einen verbesserten Erstlese-Unterricht "Schwächen im Kind" (Arbeitskreis Grundschule) nicht ernstgenommen. Vielmehr hält man Leselernschwierigkeiten für die Folge des Desinteresses am Lesenlernen bei Kindern aus "schriftfernem Milieu" (Dehn 1988) oder man nimmt an, daß alle Kinder "auf dem Weg zur Schrift" sind, einige nur langsamer als die anderen (Brügelmann 1986). Daher sollte man ihnen genügend "Zeit für die Schrift" geben (Dehn 1988).

Bei diesen Auffassungen fehlt das Verständnis dafür, daß legasthenische Kinder, also Schüler/innen mit Schwächen in den Voraussetzungen für das Lesenlernen, spezifischer, auf die Kompensation der Schwächen ausgerichteter Hilfen bedürfen und nicht ihrem eigenen Lernweg überlassen bleiben dürfen. Denn dieser Lernweg führt ohne Hilfen in eine Sackgasse und zur Stagnation des Lern-prozesses. Zum andern fehlt bei diesen Auffassungen aber auch der Blick über die Grundschulzeit hinaus. Die Schullaufbahnen leg-asthenischer Kinder beginnen vielfach erst unter den höheren rechtschriftlichen Anforderungen der Realschulen und Gymnasien zu scheitern. Wer nur den Leselernprozeß und die Grundschulzeit betrachtet, wird auf dieses Scheitern nicht aufmerksam.

Allerdings gibt es gerade in dieser Hinsicht auch positive Erfah-rungen. An ein und demselben Gymnasium kann ein legastheni-sches Kind durch eine verständnisvolle Lehrkraft, die es ermutigt, in seiner Leistungsfähigkeit stabilisiert werden, während eine andere Lehrerin ein anderes Kind so entmutigt, daß es die Schule wechseln muß.

Das Anliegen dieses Buches ist es nach wie vor, Problemverständ-nis bei Eltern und Lehrern zu wecken. Der Text wurde um einen Abschnitt ergänzt, in dem in Anlehnung an die Erlaßregelungen in Mecklenburg-Vorpommern und Schleswig-Holstein eine bildungs-politische Konzeption vorgestellt wird. Grundlage dieser Konzep-tion sind Forschungsergebnisse, die die Annahme biologischer Ursachen für Lese-Rechtschreib-Schwächen, die mit deutlich bes-seren Begabungen verbunden sind, überzeugend stützen.

Lisa Dummer-Smoch

I. Was bedeutet Legasthenie?

1. So kann es beginnen

Aus vielen Berichten von Eltern legasthenischer Kinder kennen wir diesen Gang der Dinge: Ein Kind hat sich ohne größere Auffälligkeiten entwickelt.

Vielleicht hat es später gesprochen als andere Kinder. Möglicherweise hat es länger als andere eine Kleinkindersprache gesprochen, z. B. "detommen" statt "gekommen" gesagt. Oder es hat früh und wohlartikuliert gesprochen, aber es mochte keine Puzzles und Memory-Spiele. Es hatte Schwierigkeiten beim Balancieren, es fiel öfter hin, es kam mit einem Roller nicht so gut zurecht wie seine Geschwister oder andere Kinder im gleichen Alter. Im Nachhinein können Mütter sich an derlei Beobachtungen erinnern, aber alarmierende Auffälligkeiten waren das nicht. Auch in der Altersgruppe hatte das Kind gute Kontakte, war sogar beliebt und konnte sich auch gegen andere Kinder behaupten.

Der Schulreifetest gibt keine Hinweise

So erreichte das Kind das Einschulungsalter. Ein Schulreifetest wurde durchgeführt, und die Gesamtsumme der Punkte führte zur Beurteilung "schulreif".

Daß in einigen Teilbereichen dieser Untersuchung wiederum kleine Auffälligkeiten vorkamen, blieb den Lehrkräften verborgen, weil das Wissen um solche Zusammenhänge eher in kinderpsychiatrischen Kliniken und bei einigen Kinderärzten und Kinderpsychologen vorhanden ist. Es handelt sich um Spezialwissen.

Der Lehrer, der Einschulungstests durchführt, kann in dieser Hinsicht von seiner Ausbildung her kein Spezialist sein. Und die Testhandbücher, die ihm sagen, wie der Test auszuwerten und die Leistungen zu beurteilen sind, enthalten bisher keinerlei Hinweise auf ein solches Spezialwissen. Manchmal teilt ein Lehrer den Eltern erfreut das relativ hohe Gesamtergebnis ihres Kindes mit: "Sie haben ein gut begabtes Kind, es wird keine Probleme haben!"

Das Kind freut sich auf die Schule. Es will groß und tüchtig werden. Und es will Lesen, Schreiben und Rechnen lernen. Hochgestimmt und voller Erwartung trabt es – meist mit seiner Mutter – am ersten Schultag in das große fremde Haus und in seine Klasse.

Erste Probleme dämpfen die Schulfreude

Nach einigen Wochen ist diese Hochstimmung verflogen. Das Kind erscheint der Mutter bedrückt, in sich gekehrt, nachdenklich. Es macht brav seine Hausaufgaben, aber offensichtlich bereiten ihm Lese- und Schreibübungen Mühe. Eine Mutter berichtet: "Meine Tochter bat mich immer zu Beginn der Leseübungen, ich möchte ihr doch die Seite einmal vorlesen. Das tat ich und anschließend las sie den Text nahezu fehlerfrei herunter. Erst spät kam ich dahinter, daß sie die Fibelseite auswendig lernte, schon während ich vorlas!"

Mehrere unserer erwachsenen Legastheniker, darunter eine promovierte Hochschullehrerin, die 1915 in die Schule kam, haben berichtet, daß sie nicht wußten, was Lesen eigentlich bedeutet. Sie waren überzeugt, jeder Mensch lerne das zunächst auswendig, was er dann laut vorlese!

Bald werden Hausaufgaben zur Qual, denn natürlich bereitet auch das Schreiben große Mühe. Vor allem geht es sehr langsam. Abschreiben fällt noch am leichtesten. Aber die Wörter werden Buchstabe für Buchstabe abgemalt, und das Kind weiß nicht, welche Laute die Buchstaben anzeigen, die es niederschreibt.

In der Schule fällt von alle dem unter Umständen noch gar nichts auf. Das Kind bringt ja ordentliche Hausaufgaben mit, es kann fließend laut vorlesen, in den ersten kleinen Diktaten macht es kaum einen Fehler. Da es meist im Rechnen – wenigstens am Anfang – keinerlei Probleme hat, stellt es sich für den Lehrer als ein "guter Schüler" dar.

Mütter sehen die Probleme zuerst

Indessen spitzt sich die Situation zu Hause immer mehr zu. Die Mutter kann nicht verstehen, warum ihr begabtes Kind beim Lesen und Schreiben so viele Schwierigkeiten hat. Sie hält es meist zunächst für faul. Da sie es aber bei den Schularbeiten genauer zu beobachten beginnt, fällt ihr auf, wie angestrengt es zu arbeiten versucht, und wie wenig Erfolg es dabei hat.

Dumm ist es nicht. Faul ist es nicht. Was ist mit diesem Kind los? Es beginnt ein Fragen und Suchen. Meist geht die Mutter zunächst zur

Lehrerin. Falls diese den Sachverhalt Legasthenie kennt, wird sie die Beschreibungen über die Schwierigkeiten des Kindes ernst nehmen, selbst eine Überprüfung des ungeübten Lesens und Schreibens vornehmen und der Mutter dann erklären, was Legasthenie bedeutet, und was man tun kann.

Dies aber ist leider noch nicht überall die Regel. Meist werden die Mütter vertröstet: Das Kind entwickle sich eben etwas langsamer, es bestehe keinerlei Gefahr, es werde das Lesen schon noch lernen, es habe ja zwei Jahre Zeit dafür, man müsse als Mutter nicht so ehrgeizig sein. Mehr oder weniger beruhigt geht die Mutter nach Hause.

In den ersten Zeugnissen steht oft als einziger Hinweis auf das Problem die Empfehlung "mehr üben!" Dann fragen sich die Mütter häufig ratlos "noch mehr üben?" Sie üben ja schon lange und mehr als andere Mütter mit ihren Kindern!

2. Informationen statt einer Definition

Bei diesem Stand der Dinge stellen sich für Eltern – und auch für Lehrer, denen die Probleme des Kindes ebenfalls zum Rätsel werden – viele Fragen. Inwiefern stellt Legasthenie einen anderen Sachverhalt dar als allgemeine Lernschwierigkeiten eines Kindes, das auch sonst im Unterricht nicht mitkommt, das insgesamt langsamer lernt, das Zusammenhänge nicht erkennt und im Unterrichtsgespräch nicht mitdenken kann?

Legastheniker erhalten häufig in ihren Zeugnissen Bemerkungen wie: "Seine Beiträge bereichern den Unterricht!" Und dann kann das Kind nicht lesen lernen? Das paßt überhaupt nicht in das Bild, das man sich von der "allgemeinen Begabung" von Schulkindern gemacht hat. Man glaubte doch bisher, daß alle Kinder für alle Lernbereiche gleich gute oder gleich schwache Lernvoraussetzungen mitbringen.

Halten wir zunächst dies fest: Ein legasthenisches Kind ist kein allgemein langsamer Lerner. Es ist auch nicht schwach begabt. Seine Leselern- und Rechtschreibprobleme stehen in keinem Zusammenhang mit seiner Intelligenz, sie können bei jeder Begabungshöhe auftreten. Legasthenie – das sind die Lese-Rechtschreibschwierigkeiten des sonst gut begabten Kindes, das wegen seiner umschriebenen, aber nicht allgemeinen Schwächen allzuleicht für dumm gehalten und dadurch nachhaltig entmutigt wird.

Was bedeutet "Legasthenie"?

Das Wort "Legasthenie" bedeutet in deutscher Übersetzung ganz einfach "Leseschwäche" (aus dem Griechischen: "leg" ist der Wortstamm für "lesen" und "asthenia" bedeutet "Schwäche"). Diese Bezeichnung wurde von den Legasthenieforschern in der Nachkriegszeit übernommen, um leseschwache Kinder, die im übrigen wie andere Kinder lernen können, von den schwächer begabten, langsamen Lernern zu unterscheiden.

Sehr viel früher, bereits im Jahr 1916, hatte der Psychiater Ranschburg den Begriff geprägt. Leider beurteilte er Kinder, die mit 2- bis 4-jähriger Verspätung lesen lernten, als "Hilfsschüler", obwohl 31% der von ihm untersuchten Leseschwachen einen guten (überdurchschnittlichen) und weitere 46,7% einen mittleren (durchschnittlichen) Intelligenzquotienten hatten (zitiert nach Schenk-Danzinger, 1991, S. 19). Demnach waren nur 22% der Leseschwachen minderbegabt.

In einer vor fünfzehn Jahren durchgeführten Untersuchung mit Wiederholern aus ersten Klassen (Dummer 1983) zeigte sich, daß von 70 Wiederholern nur 33 nach dem Wiederholungsjahr nicht mehr leseschwach waren. Von den immer noch leseschwachen 37 Schülern erwiesen sich fünf, das sind nur 14%, als minderbegabt. Die Prozentsätze von damals und heute zeigen soweit Entsprechung, daß man sagen kann, eine Minderbegabung ist bei Leselernschwierigkeiten seltener als durchschnittliche und bessere Begabung.

Mit der Beurteilung der Leseschwachen als "Hilfsschüler" wurden über Jahrzehnte hinweg Weichen falsch gestellt: Bis nach dem Zweiten Weltkrieg konnten Kinder allein wegen einer "zu schwachen Rechtschreibung", die in der Regel als Folge der Leselernschwäche auftritt, sitzenbleiben und dann an die Sonderschule verwiesen werden. Die Legasthenie fand in der pädagogischen Praxis der Grundschule und in der Lehrerausbildung daher kaum Beachtung.

Die Tragödie des normalbegabten, lese-rechtschreibschwachen Kindes

Erst in der Nachkriegszeit wurden Schulpsychologen auf das Problem aufmerksam. Die Schulen schickten ihnen verhaltensgestörte und dem Anschein nach "dumme" Kinder zur psychologischen Untersuchung. Die Psychologen erkannten mit Hilfe der Testergebnisse und der Vorgeschichte dieser Kinder, daß diese keineswegs schwach begabt waren. Vielmehr litten sie unter Mutlosigkeit und Selbstwertproblemen. Da sie sich ihre Leselernprobleme nicht erklären konnten, hielten sie sich selbst für "dumm", und die Umwelt hatte sie darin bestärkt.

Lotte Schenk-Danzinger lernte legasthenische Kinder und ihre Schulschwierigkeiten im Schulpsychologischen Dienst der Stadt Wien kennen. Sie veröffentlichte 1968 ihr "Handbuch der Legasthenie im Kindesalter" und sprach darin von der "Tragödie des normalbegabten legasthenischen Kindes in der Schule". Damit füllte sich die Bezeichnung "Legasthenie" mit einem Inhalt, der über das Erscheinungsbild der Leseschwäche weit hinausging.

Man könnte sagen, nicht die Schwierigkeiten beim Lesen und Rechtschreiben sind am meisten zu fürchten, sondern die Selbstwertprobleme, mit denen sich das Kind sehr bald herumschlägt, die Entmutigung, die Resignation, die Verhaltens- und Schullaufbahnprobleme. Das alles müßte nicht sein, wenn man die Legasthenie rechtzeitig erkennen, berücksichtigen und behandeln würde! Aber bevor dies möglich wird, muß man – als Eltern wie als Lehrer – die Anzeichen kennen.

Schullaufbahnprobleme behindern die normale Lernentwicklung

Nach allen Erfahrungen mit Schullaufbahnen legasthenischer Kinder, in den verschiedenen Bundesländern mit ihren unterschiedlichen schulrechtlichen Bestimmungen, kann man heute immer noch von Tragödien sprechen. Um in allen diesen Fällen bei Eltern und Lehrern das Problemverständnis zu wecken, und als Voraussetzung für angemessene Hilfen, erscheinen zusätzlich zu einer knappen Definition, wie sie in der Wissenschaft üblich ist, folgende Informationen notwendig:

Nach der Definition von Maria Linder ist Legasthenie "eine aus dem Rahmen der übrigen Leistungen fallende Schwache im Erlernen des Lesens (und indirekt auch des selbständigen orthographischen Schreibens) bei sonst intakter oder im Verhältnis zur Lesefähigkeit relativ guter Intelligenz" (Linder, 1962, S. 13).

Charakteristisch für eine Legasthenie sind nicht nur Leselern- und nachfolgend Rechtschreibschwierigkeiten, sondern die Schullaufbahnprobleme, die sich aus der Diskrepanz zwischen sonst besseren Lernmöglichkeiten und den Lese-Rechtschreibschwächen ergeben, sowie das langsame Fortschreiten im Erlernen des

Lesens und Schreibens selbst bei guter Förderung. Überforderung im Lesen und Rechtschreiben, Unterforderung in anderen Leistungsbereichen drohen, so daß die Kinder eigentlich nicht in das Schulsystem "passen"!

Legastheniker kommen im günstigsten Fall erst am Ende der Grundschulzeit zu durchschnittlichen Rechtschreibleistungen. Bis dahin stehen sie in der Gefahr, wegen ihrer Lese- und Rechtschreibschwäche in ihrer allgemeinen Leistungsfähigkeit unterschätzt, und durch die Zensierung ihrer Diktate, bzw. durch die Mitbewertung der Rechtschreibleistung in anderen schriftlichen Arbeiten, völlig entmutigt zu werden. Man kann sagen, sie werden in ihrer sonst normalen Lernentwicklung durch die schulischen Bedingungen erheblich gestört!

Die Ursachen für die Leselern- und Rechtschreibschwierigkeiten liegen zunächst im Kind. Die Ausprägung des Versagens wird aber durch die Umwelt mitbestimmt.

Verständnisvolle Eltern und eine Schule, die nicht zensiert, sondern auch bei schwachen Leistungen kleine Erfolge wahrnimmt und bestätigt, werden dem Kind seine Lern- und Leistungsfreude erhalten.

Eltern, die durch stundenlanges Üben Erfolge zu erzwingen suchen und eine Schule, der die Bewertung der Rechtschreibung als Maß für Leistung und Intelligenz gilt, treiben ein legasthenisches Kind in immer größere Unsicherheiten, in Resignation und Verzweiflung. Es kann dann nicht einmal die Leistung erreichen, die ihm aufgrund seiner Schwächen und durch maßvolle Übung immer noch möglich wäre.

Manche Legastheniker suchen dann durch Geschenke Freunde zu gewinnen. Das Geld dafür entnehmen sie heimlich ihrer Spardose oder der Geldbörse der Mutter. Andere laufen fort, wieder andere werden krank, manche schlagen sich mit Selbstmordgedanken herum. *"Warum muß man leben, wenn doch alles so schwer ist?"* sagte ein Sechsjähriger zu seiner Mutter. "Verüben eigentlich viele Legastheniker Selbstmord?" fragte ein Achtzehnjähriger, dem bei der Bewertung schriftlicher Arbeiten in jedem Fach wegen seiner Rechtschreibung Notenpunkte abgezogen wurden.

Andere Legastheniker entwickeln sich zu Störenfrieden in der Klasse. "Er ist nicht nur dumm, sondern auch noch frech" heißt es dann. Sie stellen nun für die Schule ein weit größeres Ärgernis dar als die resignierenden Kinder, die als "wenigstens brav und lieb, wenn auch leider ein bißchen dumm" empfunden werden.

14

II. Legasthenie – wie Eltern, Lehrer und Kinder sie erfahren

Wenn Fragen von Eltern und Lehrern an jemanden herangetragen werden, der dafür bekannt ist, daß er sich für Legastheniker einsetzt und sie fördert, dann stellt sich sehr bald heraus, wie unterschiedlich diese Fragen aus beiden Gruppen sind. Eltern sehen beim Umgang mit ihren legasthenischen Kindern andere Probleme als Lehrer. Das mag zunächst überraschen; denn beide haben mit demselben Kind zu tun. Aber die unterschiedliche Sichtweise erscheint bei näherem Hinsehen ganz natürlich.

Müttern fallen die Schwierigkeiten am ehesten auf

Eltern stehen dem eigenen Kind und seinen Problemen einfach näher. Ihnen fällt beim Üben zu Hause unübersehbar auf, wie sehr es sich einsetzt und wie wenig es im Vergleich zu diesem Einsatz erreicht. Sie beobachten die für ihr Kind "typischen" Fehler bereits im Entstehen. Sie erleben mit, wie es sich bei Entscheidungen plagt, wenn es z. B. um "kurz oder lang" bei Vokalen geht, oder um "hart oder weich" bei Konsonanten. Ebenso beobachten sie direkt, wenn Buchstabenformen wie **H** und **K** , **a** und **o** , **S** und **L** (in Schreibschrift) einfach nicht unterschieden und daher den Lauten auch nicht richtig zugeordnet werden können.

Lehrer sehen die Lernergebnisse, nicht die aufgewandte Mühe

Der Lehrer beobachtet das Kind fast nie in der Einzelsituation und nur selten beim Schreiben. Was er sieht, sind die Ergebnisse der Bemühungen des Kindes. Er beobachtet auch nicht direkt, ob ein besseres Diktat etwa auf augenblickliche Anstrengung des Schülers oder auf längeres Üben zu Hause zurückzuführen ist. Oft schließt er von einer hohen Fehlerzahl im Diktat unmittelbar darauf, daß die Mutter mit dem Kind nicht geübt habe. Er vermutet fehlendes Interesse bei den Eltern und beginnt leicht, in bezug auf dieses Kind selbst zu resignieren nach dem Motto "Wenn nicht einmal die Eltern sich kümmern, kann ich in meinem Unterricht auch nichts erreichen".

Man sollte sich einmal in die Lage eines Kindes hineinversetzen, das sich mit allen seinen Kräften bemüht, ein Ziel zu erreichen, aber keine Erfolge sieht, vielmehr zusätzlich Vorwürfe und Beschuldigungen anhören muß. Als Erwachsener würde man eine solche Situation gar nicht aushalten, sondern möglichst schnell den Beruf oder den Arbeitsplatz wechseln. Das Kind aber muß sich im ungünstigsten Fall seinen Mißerfolgen täglich stellen!

Darüber, wie das Kind seine Legasthenie erlebt, gibt es bisher wenig direkten Aufschluß. Die jüngeren Kinder finden kaum andere Erklärungsmöglichkeiten als die, die ihnen Eltern oder Lehrer vermitteln. Nur ihre Verhaltensauffälligkeiten und psychosomatischen Beschwerden sagen dem erfahrenen Fachmann, wie sehr sie unter der Rätselhaftigkeit ihres Versagens leiden. Erst jugendliche Legastheniker können sich im Rückblick äußern, nachdem sie selbst die Probleme akzeptiert und verarbeitet haben.

1. Wie Mütter die Legasthenie erleben: Drei Beispiele in Briefen

Die nachfolgend abgedruckten Briefe von Müttern scheinen mir gut geeignet, die unterschiedliche Problemsicht von Eltern und Schule zu veranschaulichen. Sie sind auszugsweise wiedergegeben, um die Anonymität der Schreiberinnen zu wahren.

Beispiel 1: Ein hochbegabter, in seinen Fähigkeiten verkannter Schüler

"Mein Sohn, jetzt in der 6. Klasse Hauptschule, ist Legastheniker, bzw. er hat eine Schreibschwäche. Dies wurde mir durch einen Test, den ein Schulpsychologe durchführte, bestätigt. Dabei wurde auch ein IQ von 136 festgestellt. Im Aufsatz sind seine Leistungen gut.

Nun das Problem: In unserem Bundesland gibt es seit einigen Jahren den Legastheniker nicht mehr. Das heißt, diese Schwäche wird beim Besuch höherer Schulen nicht mehr berücksichtigt. Mein Sohn interessiert sich aber gerade besonders für naturwissenschaftliche Sachgebiete und ist in dieser Hinsicht, nach Aussage des Lehrers, seinem Alter voraus."

Ergänzend teilt die Mutter zur Schullaufbahn mit:

"Die Schwierigkeiten begannen bereits in der ersten Klasse. Da ich in einer in der Nähe gelegenen Stadt halbtags arbeite, war mein Sohn hier auch im Kindergarten, die übrigen Kinder jedoch im Heimatdorf. So bildete die Klasse nach der Einschulung schon zu Beginn feste Gruppen, von denen er, weil er etwas kontaktarm und sensibel ist, nur sehr langsam aufgenommen wurde. Dies und die auftretende Aggressivität wurde von seiner damaligen Lehrkraft als 'Schulunreife' bezeichnet. Als ich daraufhin um ein Zurückstellen bat, bekam ich die Antwort: 'Dazu ist er zu intelligent.'

Hinzu kam, daß die Lehrkraft der ersten Klasse sehr schwer zuckerkrank war und einen großen Teil des Jahres durch Krankheit abwesend war. Als Ersatz sprangen immer wieder andere Aushilfskräfte, Lehramtsanwärter oder eine Pädagogische Assistentin ein. Jeder Wechsel wirkte sich bei meinem Sohn auf die Psyche und die Leistungsfähigkeit sehr negativ aus, da jeder ein etwas anderes System hatte.

Die zweite Klasse wurde von einer Lehramtsanwärterin geführt, der sicher die Erfahrungen in diesem speziellen Fall fehlten. Die 3. und 4. Klasse wurde von einer Lehrkraft geführt, die sicher im Normalfall sehr gut ist, aber ein Verständnis für diese Schreibschwäche und die Folgeerscheinungen (wie, 'den Kasperl in der Klasse spielen', sich sonst auffällig machen) bestand jedoch ihrerseits nicht. Sie sagte zu mir, er müsse nur mehr üben, obwohl ich ihr sagte, daß wir ja täglich ein bis vier Stunden übten.

Ich bemühte mich damals, daß das Kind doch einmal getestet würde. Davon riet die Lehrkraft ab, mit der Begründung, es handele sich nicht um einen Legastheniker, weil dieser ja nur bestimmte Fehler schreibe. Sicher hätte sich das Bild der Legasthenie damals deutlicher gezeigt, hätten wir zu Hause nicht so viel geübt."

In diesem Bericht zeigt sich deutlich, wie sehr die Schule selbst zum Schweregrad des Versagens beiträgt, wenn Lehrkräfte unerfahren sind oder wenn sie ständig wechseln.

Beispiel 2: Höhen und Tiefen in einer Schullaufbahn

Eine Mutter, die mehrere legasthenische Kinder hat, schreibt mir regelmäßig zu den Zeugnissen über ihre Erfahrungen im vergangenen Schuljahr. Die unterschiedlichen Einstellungen der verschiedenen Lehrer zur Legasthenie und entsprechende seelische Auswirkungen beim Kind zeigen sich besonders deutlich in der Schullaufbahn von Frank (Name geändert, d. Verf.).

Franks Mutter, Februar 1987:

"Mit Frank läuft es nach anfänglichen Schwierigkeiten nun auch gut."

Franks Mutter, Juli 1987:

"Frank, jetzt 11 Jahre alt, hat großes Pech gehabt. Er kam auf Empfehlung der Grundschule in das Gymnasium und wurde gleich mit der Einstellung gesehen: Was will denn der Dummkopf bei uns? Besonders im Fach Deutsch konnte er bald vor Angst gar nicht mehr schreiben. In den Diktaten schrieb er fast jedes Wort mit dem Dehnungs-h (dehr, dahs, wahs usw.) – vor lauter Unsicherheit.

Ich mußte den Deutschlehrer telefonisch um Hilfe bitten. Dabei gab er mir zu verstehen, soviel Uneinsichtigkeit (meinerseits) sei ihm bisher noch nicht begegnet! Er hielt mir vor, ich sei eine superehrgeizige Glucke, die einzig und allein das Ziel habe, ihre (geistig minderbemittelten) Kinder durch das Gymnasium zu pauken. Ich solle ihm nicht mit diesem lächerlichen Erlaß kommen.

Nunmehr bat ich um ein Gespräch bei dem Schulleiter. Dieser zeigte viel Verständnis und hörte mir fast zwei Stunden lang geduldig zu. Er meinte, ich solle ruhig abwarten, nach einem Gewitter gebe es meist sehr klare Luft.

Am gleichen Tag kam Frank weinend aus der Schule, weil der Deutschlehrer seine Aufsatzübung vor der Klasse auseinandergenommen hatte, und so gab es noch weitere Unerfreulichkeiten.

Dennoch hat sich auch Positives ereignet: Franks Klassenlehrer, der das Fach Englisch unterrichtet, hat ihn anfangs auch sehr abwertend behandelt. Da nun Frank auch in der englischen Rechtschreibung mit großen Schwierigkeiten kämpft, hatte ich diesen Lehrer angerufen und ihm erklärt, daß Frank für das Vokabellernen mehr Zeit brauche als andere Schüler. Sie wurden nämlich regelmäßig schriftlich überprüft, und Frank hatte große Angst, weil er sich stets nur die Hälfte der Wörter einprägen konnte.

Nach einem Gespräch mit dem LRS-Beauftragten der Schule hat sich dieser Lehrer nun völlig umgestellt. Er hat seitdem keine negativen Äußerungen mehr getan und unter die nächste Arbeit einen aufmunternden Satz geschrieben. Vokabeln wurden nur noch freitags zum Lernen aufgegeben, so daß Frank mehr Übungszeit hatte!!! Ich kann gar nicht sagen, wie sehr uns das geholfen hat!"

Franks Mutter, Februar 1988:

"Nach einem furchtbaren Krach mit seinem Deutschlehrer und einer erneuten Aussprache mit dem Schulleiter blüht Frank auf. Dieser Deutschlehrer zeigt sich dem Jungen gegenüber nun besonders verständnisvoll. Er hat Franks Selbstvertrauen inzwischen durch freundliche Worte enorm gefördert.

Frank ist ein außerordentlich scheues Kind. Bei freundlicher Behandlung aber startet er wie eine Rakete, bei Erniedrigungen vor der Klasse dagegen bricht er völlig zusammen.

Inzwischen ist sein Senkrechtstart kaum zu bremsen. Sein seelisches und körperliches Gleichgewicht drückt sich vor allem in seiner Sportnote aus: er kam von einer Drei auf eine Eins! Sein Mathematiklehrer hat ihm eine Zwei gegeben, obwohl im letzten Halbjahr eine Arbeit mit 'mangelhaft' dabei war. Nach dieser Arbeit hatte ich ihn angerufen und die Vermutung geäußert, Frank sei vielleicht an der Schreibarbeit gescheitert? Danach schrieb Frank dreimal die beste bzw. zweitbeste Arbeit der Klasse! Über die Zeugnisnote wurde jetzt an höchster Stelle entschieden."

Franks Mutter, Sommer 1988:

"Frank konnte zum Glück seine Mathematikzensur festigen. Im letzten Halbjahr hat er nur Einsen und Zweien geschrieben und blühte dadurch zusehends auf. Er ist noch immer ausgesprochen schüchtern, traute sich aber doch schon mal, etwas zu sagen – was manchen Lehrer total verblüffte. Nach der Orientierungsstufe wird er wahrscheinlich mehrere neue Lehrer bekommen. Das kann sich eigentlich nur positiv auswirken."

Franks Mutter, Februar 1989:

"Frank hat sich durch den Lehrerwechsel psychisch gefestigt. Bettnässen und Nägelkauen gehören der Vergangenheit an – so ganz allmählich taut er auf. Ich hatte einen furchtbaren Schrecken bekommen, als ich den Namen seines neuen Klassenlehrers (Erdkunde, Kunst, Sport) hörte: Vor Jahren hatte er auf einem Elternabend gesagt, daß es in Zukunft zum Glück keine Analphabeten mit Abitur mehr geben würde. Ich wäre damals fast vor Aufregung geplatzt und hatte seitdem furchtbare Angst vor ihm. Er ist ein älterer Pädagoge, der mit einem einzigen Blick Ruhe in die Klasse bringt, und das tut unserem Sohn offenbar sehr gut.

Am Elternsprechtag bin ich völlig hingeschmolzen, wie genau und wohlwollend er unser Kind inzwischen studiert hat. Er sagte mir, daß es ein derart ruhiges und scheues Kind in dieser ausgesprochen lauten Klasse unsagbar schwer habe. Legasthenie sei es seiner Meinung nach bei Frank nicht, da er nicht die dafür typischen Fehler mache. Nach seiner Meinung sind Frank's Probleme in erster Linie Selbstwertprobleme! Er habe ihn genau beobachtet und sei fest davon überzeugt, daß er weit mehr leisten könne, wenn er selbstsicherer werden würde.

Ich habe nun den Eindruck, daß er ausgesprochen bemüht ist, Frank zu helfen. Der Physiklehrer ist auch informiert und sozial sehr engagiert. Die Mathematiklehrerin ist leider sehr häufig krank gewesen, so daß die Kinder kaum richtigen Unterricht hatten. In Englisch hat Frank nur Fünfen geschrieben. Leider wird die Grammatik nicht in tabellarischer Form dargebracht. Die Regeln werden diktiert, und daraus soll Frank sein Wissen vertiefen.

Latein fällt ihm auch schwer, macht aber trotzdem Spaß. Wir haben inzwischen sämtliche Vokabeln in den Computer eingegeben, so daß täglich 15 Minuten Vokabeln wiederholt werden. Den Kindern macht es Freude; Frank übt meistens sogar länger, als er soll und lernt dadurch zugleich die deutsche Rechtschreibung. Er schreibt noch immer die Vorsilben 'vor' und 'ver' mit 'f', und kann einfach nicht 'wen' und 'wenn' oder 'den' und 'denn' unterscheiden. Da Frank auditiv sehr viel besser wahrnimmt, habe ich die lateinischen Verb-Stammformen auf Cassette gesprochen. Auch das macht ihm Spaß.

Wir hoffen, daß er die Vier in Latein halten kann. Im Gespräch mit dem Lateinlehrer sagte mir dieser, er habe beobachtet, daß Frank's Fehler meist auf Lesefehler zurückzuführen seien. Er war sehr freundlich und hat Frank nach schlechten Noten wieder aufgebaut."

Franks Mutter über Tochter Elke, Februar 1989:

"Ja, da kann ich eigentlich nur jubeln, wie man dieses Kind hier fördert! Nach vier grauenhaften Grundschuljahren ('sie bemüht sich einfach nicht – sie braucht mehr Druck!'), in denen Elke abends im Bett fragte: 'dauert es eigentlich lange, bis man tot ist?', und 'Muß man im Himmel eigentlich auch schreiben?' kam sie nun endlich in die Traumschule ihrer Brüder! Ihr Mathematiklehrer (Klassenlehrer) sowie ihr Englischlehrer unterrichteten zuvor zwei Jahre Frank. So war der Schock für sie wohl nicht mehr ganz so groß, als sie Elkes Schriftbild sahen.

Die Deutschlehrerin ist traumhaft. Sie bat mich, Elke selbständig arbeiten zu lassen, was ich gern erfülle, da Elke ungern Hilfe annimmt. Einen Aufsatz konnte die Lehrerin trotz großer Bemühungen nicht entziffern. Sie bat Elke, ihn auf Cassette zu sprechen und hat ihn danach zensiert. Was kann ich da noch mehr wollen?

Leider spricht Elke sehr undeutlich, so daß sie auch in der Grammatik Schwierigkeiten hat: 'von wen kommst du?' = Akkusativ! Der Unterricht ist einfach vorbildlich, Vorlagen sind übersichtlich mit der Schreibmaschine geschrieben – die Anforderungen sind jedoch sehr hoch. Trotz der noch nicht rosigen Zensuren sind Elke's Bauchschmerzen verschwunden, sie kann morgens normal frühstücken, was jahrelang nicht der Fall war, hat in der Schule nicht mehr erbrochen und liebt ihre neue Schule über alles!

In der ersten Mathematikarbeit hatte sie mit einer Zwei die klassenbeste Arbeit geschrieben, was in der gesamten Grundschulzeit kein einziges Mal der Fall war (keine Einsen, meistens Dreien). Sie kann dem Mathematikunterricht gut folgen, macht aber oft Flüchtigkeitsfehler – auch Dreh- und Vorzeichenfehler. Ihr Lehrer studiert die Fehler sehr genau und sagte mir, daß es ausgesprochen interessante Fehler seien. Auf jeden Fall bemüht man sich einmalig um unser Kind.

Vielleicht darf ich zum Abschluß noch von einem Traum berichten: Elke hat im Deutschunterricht 'tz' und 'z' durchgenommen. Sie hatte es im Unterricht gründlich geübt, zu Hause haben wir lediglich aus dem Dr. Gutezeit-Lesetraining die entsprechenden Seiten gelesen und nicht weiter schriftlich geübt. Elke war ganz ruhig und sicher und schrieb das Diktat. Sie machte keinen Fehler der besprochenen Schwerpunkte und bekam das Diktat als Erfolgserlebnis zurück.

Am darauffolgenden Wochenende hatte sie aufgrund eines grippalen Infektes plötzlich hohes Fieber und schrie nachts im Traum: 'Mama, Mama, hilf mir! sie kommen immer näher!' Stocksteif lag sie im Bett und bemerkte nicht, daß ich sie in den Arm nehmen wollte. Ich hatte nie zuvor soviel Angst in ihrem Gesicht gesehen. Mir ging der "Erlkönig" durch den Kopf. Dann weinte sie: 'Wo ist mein lieber Frank? Sie kommen immer näher, helft mir doch!' Ich fragte: 'Wer kommt denn?' Antwort: 'All die 'Zs' und 'TZs'!' – Ich war völlig geschockt, denn sie hatte gar nicht den Eindruck gemacht, daß ihr das Thema Kraft abverlangte. Und dann diese furchtbare Angst vor den bösen Buchstaben, die drohend auf sie zukamen! Sie sagt oft, besonders beim Vokabelnlernen: 'Ach, jetzt geht der Buchstabentanz im Kopf wieder los!' Leicht ist das alles wirklich nicht, wenn wir nur diese verständnisvollen Pädagogen behalten dürfen!"

Beispiel 3: Eine Mutter schreibt an den zuständigen Kultusminister

Eine andere Mutter, in Deutschland verheiratete Amerikanerin, schrieb an den Kultusminister ihres Landes, nachdem der Kontakt über eine Freundin und die Gattin des Ministers hergestellt worden war. (Der Brief ist hier auszugsweise und ohne Korrektur der sprachlichen Ausdrucksweise wiedergegeben):

"Sehr geehrter Herr Kultusminister!

Unsere Kinder sind 13, 11 und Zwillinge von 8 Jahren. Unsere Probleme in Hinsicht 'Legasthenie' haben vor genau zwei Jahren angefangen, das heißt, sie waren schon vorher merkbar, aber sie hatten für uns noch keinen Namen, da wir noch nicht informiert waren, daß die Ereignisse, die uns vom ersten Schultag an Kummer gegeben hatten, nicht nur unsere Probleme waren, sondern daß intelligente Kinder überall auf dieser Welt – sogar 10 bis 20% der Bevölkerung – ähnliche Lernstörungen teilen.

Wir wurden vor zwei Jahren gezwungen, eine Diagnostik zu suchen, eine Rettung für unseren Sohn Johann, damals 9 Jahre alt, nachdem er im vierten Schuljahr, in den ersten Schultagen nach einer langen, schweren Rippenfellentzündung, eine schlechte Mathematikarbeit geschrieben hatte – die erste schlechte Note in seiner Karriere, da er außerordentlich gut war (ist) in Mathematik. Er konnte nur öfters das Arbeitstempo nicht halten. Von 25 Fragen hatte er z. B. 17 geschafft und auch richtig, und die übrigen 8 Aufgaben, die er nicht lösen konnte, weil er nicht so schnell entziffern/lesen konnte, dann als 'falsch' beurteilt wurden, ohne Kommentar und Erkenntnis, daß hier nicht mathematische Fähigkeit gefehlt hat, sondern eine Legasthenie vorhanden war.

Dann hat die ständige Note 3 keinen wahren Spiegel der Kenntnisse gegeben, und der Junge hat seinen Mißerfolg nicht verstehen können. Er konnte ja rechnen, sehr gut sogar, aber er war schon in dem Teufelskreis gefangen, wie es vielen Legasthenikern geht, und ohne Förderung gab es für ihn keinen Weg zur Besserung."

Die Schule rät von einer psychologischen Untersuchung ab

"Sein Schulweg war bisher sehr schwierig gewesen, und er war dadurch auch schwierig geworden. Er konnte altersgemäß nicht lesen und auch nicht schreiben, nicht schnell genug arbeiten – aber er hat mit seinem klaren Verstand und Ehrgeiz doch immer eine 3 geschafft. Es wurde mir nie ein Wort über Förderung gesagt. Ich bin Ausländerin und verstand nicht, was los war. Ich hatte Vertrauen zu dem Schulsystem, Vertrauen, daß man mich beraten würde, wenn es notwendig wäre, meinen Sohn fördern würde, wenn es angebracht wäre.

Als er noch in der ersten Klasse war, bin ich zu seiner Lehrerin gegangen und sagte, 'ich verstehe nicht, warum er jeden Tag in der Schule weint, warum er mitten in der Arbeit verweigert, weiter zu machen. Dabei ist er seit seinem 3. Lebensjahr wie ein Naturwissenschaftler, fasziniert und nüchtern in der Beobachtung der Pflanzenwelt. Es ist schwer für mich zu sagen, aber ich glaube, ich brauche Hilfe für ihn, vielleicht einen Schulpsychologen!' Ihre Antwort: 'Das tät ich net mache!' Ich werde diesen Moment nie vergessen. Erstaunlich, diese Antwort von einer professionellen Pädagogin, und für mich heute unvorstellbar, daß ich ihrem Rat gefolgt bin.

Eine andere Lehrerin, mit der wir erhebliche Probleme wegen unserer Tochter (ebenfalls Legastheniker) schon gehabt hatten, schrie mich eines Tages im Schulhausgang an, als ich immer wieder Erklärung und Klarheit bei dieser Schule suchte, 'Mit Ihrem Sohn Johann geht etwas nicht in Ordnung. Sie müssen zu Hause schauen, was Sie falsch machen! Es wird mehr über Ihre Kinder an dieser Schule gesprochen als über alle anderen!'

Ich wurde vorübergehend eingeschüchtert. Ich habe private Personen für Hausaufgabenhilfe engagiert. Die Schule war wie ein Alptraum geworden, aber ich dachte, 'Geduld haben, du kommst nicht von hier, deswegen kommst du nicht zurecht. Die Schule wird das Richtige für deinen Sohn machen!'

Ich habe schon gesagt, es fing an, nachdem Johann eine schlechte Mathematikarbeit nach 6 Wochen Krankheit geschrieben hatte. Obwohl Johann bisher immer über der Grenze gelegen hatte, obwohl seine Klassenlehrerin (für 3. und 4. Schuljahr) der Meinung war, Johann würde eines Tages sogar Student sein, sie war überzeugt von seiner hohen Intelligenz, obwohl man uns nie Förderung angeboten hatte, auch keinen Versuch zur Erklärung der Diskrepanzen seiner Leistung unternommen hatte, hat der Rektor beschlossen, Johann muß die Hauptschule besuchen. Gegen diese Entscheidung habe ich mit meiner ganzen Seele gekämpft, aber wie Sie wissen, man ist hilflos diese Entscheidung anzurühren."

Ergebnisse der psychologischen Untersuchung

"Ich ließ Johann an den Städtischen Krankenanstalten in Ludwigshafen testen. Diagnostik: massive Legasthenie und eine sehr hohe Intelligenz. Mit Förderung würde er wahrscheinlich seine LRS in den Griff bekommen, obwohl es schon sehr spät war, damit anzufangen. Dank seiner hohen Intelligenz hatte er schon sehr viel selbst erreicht. In seinen logischen/mathematischen Fähigkeiten lag er in den obersten 1–2% der Bevölkerung. Dieses Kind dürfte auf keinen Fall die Hauptschule besuchen. Die testenden Psychologen sagten uns, wenn ich nicht Johann so unterstützt hätte, hätte er auch zusätzliche psychologische Probleme zu bekämpfen gehabt, da die Schule ihn nur niedergeschlagen hatte.

Ich mußte dann an die Jahre denken, als er von der Schule kam, weinend: 'Ich bin dumm! Ich bin der Schlechteste von allen, die Lehrerin sagt, es wird nie etwas aus mir, wenn ich nicht besser schreibe!'

Dieses Kind, das stundenlang, tagelang zuhause Briefmarken perfekt für seine Sammlung sortieren konnte, flink und fasziniert mit einem Mikroskop umging, Hefte mit Geheimsprachen im Nummernsystem schrieb, Geschichten tippte, Pflanzennamen statt Autotypen auswendig lernte ... Ich verstand damals nicht, warum wir immer diese schulischen Probleme hatten; aber eine Sache hatte ich immer gewußt, das Kind war nicht dumm! – und ich tat immer mein Bestes, sein Selbstbewußtsein zu stärken. Keine leichte Aufgabe, wenn die Schule uns gegenüber wie eine Barriere stand."

Hilfen bei Legasthenie?

"Dann, nachdem ich nun zum ersten Mal mit dem Wort Legasthenie und dem Begriff LRS konfrontiert wurde, habe ich angefangen, alles über dieses Thema in englisch und deutsch zu lesen, was ich bekommen konnte. Ich war dann skandalisiert über das, was nicht gemacht worden war mit Johann in einem deutschen Schulsystem, was aber wahrscheinlich woanders gang und gäbe gewesen wäre.

Nachdem ich mit dem Bundesverband für Legasthenie in Hannover Kontakt gesucht habe, mußte ich hören, 'Wo wohnen Sie? Im Bundesland X? Es tut mir leid, Ihnen das sagen zu müssen, aber was LRS anbetrifft, wohnen Sie, sozusagen, hinter dem Mond! Nur in der Stadt Y. gibt es eine Landesbeauftragte, die sich damit beschäftigt. In jedem anderen Bundesland könnte ich Ihnen eine Kontaktstelle in Ihrer nächsten Umgebung nennen, nur nicht im Bundesland X.' Zu meiner Frage, 'Warum?', antwortete er, 'Das Kultusministerium bei Ihnen verweigert die Anerkennung von Legasthenie. LRS existiert nicht in diesem Bundesland.' Jetzt verstand ich die Schule; Sie konnten nicht anders, als ihr "out-dated"-Denken (out-dated = völlig überholt, rückständig ⟨d. Verf.⟩) weitergeben. So war es von oben angeordnet.

Das Vorlegen der Legasthenie-Diagnostik mit Johann's beachtlichem IQ bei der Schule brachte zuerst keine Reaktion des Rektors. Sogar sechs Wochen lang zeigte er es nicht einmal Johann's Klassenlehrerin. Als mein Mann und ich endlich um ein Gespräch gebeten haben, hieß es, es wäre sowieso nur ein Stück Papier (ein Bericht von zwei Dr.s. der Psychologie mit langjähriger Erfahrung!) Er würde es besser wissen, Johann wäre kein Legastheniker und sowieso existiere Legasthenie nicht (selbstverständlich würde er sprechen wie es vom Kultusministerium angegeben war.) Und dann sagte er, es 'könnte', 'vielleicht' sogar Stellen geben, wo Leute wie wir solch eine Diagnostik kaufen könnten. So!"

Mehr Verständnis in einem anderen Bundesland

"In Baden-Württemberg werden Legastheniker anscheinend anerkannt und gefördert. Johann machte die Aufnahmeprüfung für das Kurpfalz-Gymnasium und erreichte die höchste Note aller Getesteten in Mathematik und eine 3 in Deutsch. Jetzt im 2. Jahr in M. steht er fast bei den oberen 25% seiner Klasse. Die Legasthenieförderung (zwei Stunden wöchentlich, drei Schüler mit einem für LRS ausgebildeten Deutschlehrer) zeigt ihren Wert. Johann schreibt jetzt regelmäßig eine 3–4 im Diktat und hat keinerlei Probleme in seinen anderen Fächern. Die Rechtschreibfehler kommen immer durch, sie werden so wahrscheinlich auch immer bleiben, aber mit zunehmendem Alter wird Johann lernen, öfter zum Wörterbuch zu greifen.

In Grammatik ist er 100% und in Mathematik und Biologie ist er in seinem Element. Der Weg bis zum Abitur wird ihm nicht leicht fallen wegen seinem Lesetempo, das immer noch für sein Alter zu langsam ist. Er hat ja sehr spät mit der gezielten Förderung angefangen. Hoffentlich nicht zu spät. Er ist aber sehr ehrgeizig und möchte es schaffen.

Vielleicht wird er es schaffen, vielleicht nicht, aber das ist es nicht, was hier zur Diskussion steht. Ausschlaggebend ist, daß er jetzt die Chance hat. Ein Schulsystem in der heutigen Welt muß einem Menschen mit seiner Intelligenz diese Chance geben. **Es ist sein Recht!"**

Erbliche Legasthenie in einer mathematisch
hochbegabten Familie

"Zusammen mit meinem Sohn kam in stundenlangen Gesprächen mit den Psychologen noch eine Diagnostik heraus: Ich war/bin auch Legastheniker. In dieser Erkennung gehen mir Welten von Türen auf, die durch das Nicht-Verstehen und das 'Warum' von vielen Ereignissen in meiner eigenen Schulkarriere und sonstigem Leben verschlossen blieben.

Ich selbst war eindeutig schwer beladen mit mathematischen Fähigkeiten (mein Vater war Wunderkind in Mathematik und Musik und ich glaube jetzt, er war auch Legastheniker), aber Retention (Behalten ⟨d. Verf.⟩) von geschriebenen Fakten gaben mir enorme Schwierigkeiten. Im Rechtschreiben fehlt mir noch heute täglich das 'Bild' von den einfachsten Wörtern, und ich greife auch täglich zum Wörterbuch, schneller als andere Leute zum Nachdenken brauchen.

Hätte man mich in die Hauptschule geschickt, statt mich zu fördern und statt zu versuchen mich zu verstehen (in einer Zeit wo noch keine Rede über Legasthenie oder 'Dyslexia' auch in Amerika war), hätte ich sicherlich heute kein Universitätsdiplom in Betriebswirtschaft mit Schwergewicht auf Mathematik-Statistik. (140-seitige These mit Note 1–2 geschrieben, ein Statistikbericht über die Wirtschaftsauswirkungen des Marshall-Plans in Deutschland bis 1956 – sicherlich mit der Hilfe eines Wörterbuches erarbeitet). Auch hätte ich vielleicht keine zusätzliche Ausbildung als Audio-Linguale Sprachlehrerin abgeschlossen und hätte nicht ein Jahr in Belgien und zwei Jahre in Bad Dürkheim unterrichten können.

Warum hat man mich damals gefördert? Weil man mich mehrmals getestet hat wegen der großen Diskrepanzen in meinen Leistungen. Der beachtliche IQ, der herauskam, zeigte den Pädagogen, obwohl sie damals nicht verstanden 'warum', daß ich vielleicht doch die Sache wert war. Was wäre mit mir passiert, wenn ich im genannten Bundesland 1986 in die Schule gegangen wäre?"

Die Bedeutung der Intelligenzprüfung

"Es wird so vieles über Intelligenztests heute geschrieben, auch sehr viel Negatives. Dabei sind sie heute so verfeinert und werden mit Erfolg überall in der gebildeten Welt verwendet. Diese Tests können (aber – Sie wissen das schon alles! Bitte verzeihen Sie, wenn ich immer weiter schreibe.) ein Potential schulischer Intelligenz erkennen. Auf keinen Fall schaden sie dem Kind, das sie durchführt. Sie sind im Gegenteil spielerisch und können nicht als streßig betrachtet werden. Dieser Weg ist auf jeden Fall der bessere von zwei Übeln, wenn ein Kind große Diskrepanzen in seiner schulischen Leistung zeigt. Lieber zwei Stunden Streß, als unerkannt, ungefördert aber mit klar funktionierender Logik abgeschoben zu werden, mit zerstörtem Selbstbewußtsein und blockiertem Weg zu einer Universität.

Ein Legastheniker wird wohl selten der allround-Topschüler sein, der in der Hauptschule so herausragend ist, daß er noch den Weg zurück zu seinen anderen intelligenten 'normalen' Kollegen findet. Besonders wenn er, nun in der Hauptschule, immer noch nicht erkannt ist. What a waste! (Sinngemäß: Welche Begabungen läßt man verkommen" ⟨d. Verf.⟩)

In der Stadt X. gibt es eine Landesbeauftragte des Bundesverbands für Legasthenie, die einzige LRS Stelle in diesem Bundesland. Ich habe an Gesprächen in der Stadt X. teilgenommen und kann nur sagen, sie ließen mich mit der Sehnsucht, ich hätte dort mit meinen Kindern die letzten Jahre leben sollen.

Dort hätte ich durch die Privatinitiative dieser Organisation Hilfe bekommen, Hilfe und Rat, die durch die öffentlichen Schulen Eltern wie uns angeboten werden müßte. Ich lernte in der Stadt X. viele Leute kennen, die sich seit Jahren mit dem Problem Legasthenie befaßt haben. Die Erfolge der Lehrkräfte sprechen für die Notwendigkeit ihrer Bemühungen."

Hilfen für Legastheniker in anderen Ländern

"Ich habe bisher Amerika nicht erwähnt. Es wird immer frustrierender mit jeder zusätzlichen Information, die ich bekomme, was alles für 'dyslectic' Kinder in Amerika, in England, auch in der Schweiz – ja auch in Norddeutschland gemacht wird. Vielleicht können Sie das ändern."

Dieser dritte Brief läßt neben positiven Bemühungen der Schule doch auch viel Hilflosigkeit – sicher nicht Böswilligkeit – erkennen. Man kann verstehen, daß Eltern verzweifeln, wenn sie sehen, daß ihr Kind seine Kräfte in der Schule nicht entfalten darf, weil Lehrer unter dem Eindruck der Lese- und Rechtschreibschwäche stehen und bessere Leistungen dabei übersehen.

Diese Briefe stehen für eine Vielzahl von anderen Briefen, die der Bundesverband Legasthenie Jahr für Jahr erhält. Es handelt sich nicht um wenige Ausnahmen, sondern leider, vor allem nach der Grundschulzeit, eher um den "Normalfall". Ermutigend ist, daß sich im Verlauf einzelner Schullaufbahnen in den Schulen zunehmend Problemverständnis entwickeln kann, auch, wenn die Erlasse dies nicht eben fördern. So mögen alle, die mit legasthenischen Kindern in der Praxis umgehen, diese Briefe nicht als pauschale Lehrerschelte mißverstehen, sondern als "Lernhilfe" auf dem Weg zum Problemverständnis!

2. Legasthenie aus der Sicht von Lehrern

Die Frage, wie Lehrer die Legasthenie eines Kindes erleben, ist nicht eindeutig zu beantworten. Immer schon hat es Lehrer gegeben, die die Leistungsunterschiede bei Legasthenikern erkannt und den Kindern geholfen haben, ihr Selbstbewußtsein zu bewahren.

Immer wieder hat man auch von Lehrern gehört, die schon vor zehn und zwanzig Jahren mit einzelnen Kindern täglich in der großen Pause geübt haben, um ihre Leseleistung zu verbessern. Selbst im Gymnasium erkannten Lehrer die Begabungen legasthenischer Schüler. Sie bewerteten ihre Rechtschreibfehler weniger streng und verhalfen ihnen dadurch zu Zensuren, die ihren Sachleistungen entsprachen.

In den meisten dieser Fälle handelte es sich um die glückliche Kombination eines pädagogisch engagierten Lehrers und eines auffälligen Erscheinungsbildes beim Kind. Wenn die gängigen Ursachenerklärungen "dumm oder faul" ganz offensichtlich auf den Schüler nicht zutrafen, ordneten diese Lehrer den Legastheniker als "Sonderfall" ein, noch ohne die Ursachen oder den Begriff "Legasthenie" zu kennen.

a) Lehrer sind häufig ratlos

Schwieriger ist es für Lehrer, die eigentlichen Begabungen eines Schülers zu erkennen, der durch Entmutigung begonnen hat, aufzugeben. Dann können innerhalb kurzer Zeit fast alle Schulleistungen absinken, und der Eindruck eines "schlechten Schülers" entsteht. Das gilt insbesondere für weiterführende Schulen, in denen die Anfangsschwierigkeiten der Kinder in den ersten Grundschuljahren meist nicht bekannt sind.

Dann werden die Leistungsmöglichkeiten der Legastheniker verkannt. Aber auch, wenn Leistungsdiskrepanzen beobachtet werden (z. B. Aufsatz: Inhalt gut oder befriedigend, Rechtschreibung mangelhaft; oder: Zahlenrechnen gut, Versagen bei Textaufgaben) kann dies geschehen. Weil man nicht glauben kann, daß ein Kind in einem Leistungsbereich ein "guter Schüler" in einem anderen aber ein "schlechter Schüler" sein kann, kommt es beim Lehrer zum Bemühen, sich von dem Schüler ein stimmiges Bild zu machen. Das führt zur Leugnung entweder seiner Schwächen oder seiner Stärken.

So wurde beispielsweise ein kleines Mädchen aufgrund eines hohen Ergebnisses im Schulreifetest eingeschult. Den Eltern sagte man eine gute, wenn nicht überdurchschnittliche Schullaufbahn voraus. Nachdem das Kind im ersten Schuljahr schwer lesen gelernt hatte und in der zweiten Klasse in den Diktaten versagte, hieß es: "So begabt, wie Sie denken, ist Ihr Kind nicht!"

In der vierten Klasse, als die Schülerin mit guten Aufsätzen und überdurchschnittlichen Rechenleistungen auffiel, spielte die Schule die Rechtschreibschwäche wieder herunter und empfahl den Eltern, das offensichtlich begabte Kind auf ein Gymnasium zu geben.

Erklärungsversuche: Dumme Schüler – faule Schüler – oder?

Indirekt erfährt man aus Zeugnisbemerkungen, ob ein Lehrer die Leistungsunterschiede bei legasthenischen Kindern akzeptieren und einordnen kann, oder, ob er zu falschen Einschätzungen neigt. In einer Reihe von Fällen zeichnet sich Ratlosigkeit ab.

So schrieb eine Lehrerin am Ende der ersten Klasse die folgende Bemerkung in das Zeugnis eines bis dahin unerkannten Legasthenikers: "Rainer ist in der Lage, die meisten (...) Schlüsselwörter zu benennen (...) Er kann gut geübte Texte lesen (...) Buchstabenfolge und Linien beachten (...) Er ist stets ernst, ruhig und konzentriert."

Der erste Satz der Zeugnisbemerkungen deutet an, mit welchen Problemen sich der Junge herumschlägt: Er hat nicht lesen, sondern Texte auswendig gelernt! Im weiteren Text zeichnet sich ab, daß er anfängliche Schwierigkeiten, die Linien zu beachten, anscheinend überwunden hat. Auch Reihenfolgeprobleme sind offenbar zu Beginn der Schulzeit aufgefallen. Daß sie gelegentlich immer noch auftreten, zeigt sich in einer Rechtschreibprobe zu Beginn der 4. Klasse: Unter anderem schrieb er Bältt statt Blatt, Zlet statt Zelt! Der erfahrene Diagnostiker erkennt im letzten Satz der Zeugnisbemerkung eine kinderpsychiatrische Diagnose: Dieses Kind zeigt bereits eine depressive Verstimmung. Erstkläßler sind normalerweise fröhlich, eher unruhig und voller Leben. Sie lachen gern und sind selten ernst.

Am Ende der zweiten Klasse spürt man in der Zeugnisbemerkung wiederum die Ratlosigkeit der Lehrerin: "Rainer (...) ist fleißig und sollte daher auch seine Leseleistung verbessern können." Da der Junge offensichtlich nicht unbegabt ist – das Zeugnis weist die Mathematiknote "sehr gut" aus – und er auch fleißig zu sein scheint, scheiden die beiden Ursachen "Dummheit" und "Faulheit" als Erklärung für die Leseschwäche aus. Aber eine dritte Erklärungsmöglichkeit fehlt der Lehrerin ganz offensichtlich.

Das kommt auch im Zeugnis am Ende der dritten Klasse wiederum zum Ausdruck: "Rainer muß (...) seine Lesefähigkeit durch Üben noch steigern!" Hier wird das Unvermögen der Schule, Rainer zu helfen, in die Forderung an das Kind umgemünzt. Was der Schule bisher nicht gelungen ist, soll das Kind nun von sich aus schaffen. Diese Erwartung begegnet uns in Zeugnisbemerkungen bei Legasthenikern häufiger.

Erklärungsversuch: Konzentrationsschwäche

Von einem Schüler, dessen Legasthenie während der Grundschulzeit unerkannt geblieben war, heißt es im Zeugnis der 5. Klasse der Hauptschule: "Der vielseitig interessierte Schüler beteiligt sich zunehmend aktiver am Unterricht. Er arbeitet willig und zuverlässig, wenn auch wegen offensichtlicher Konzentrationsschwächen die äußere Form seiner Arbeiten und das Arbeitstempo noch nicht den Anforderungen entsprechen. Erstaunlich ist sein großes Wissen in den Sachfächern."

Mit der Fehlbeurteilung "Konzentrationsschwäche" versucht die Lehrkraft hier, die sonst unerklärlichen Leistungsschwächen in den sehr positiven Gesamteindruck einzuordnen.

Im Zeugnis eines Schülers der 6. Hauptschulklasse werden die Diskrepanzen in den Schulleistungen noch deutlicher angesprochen: "I. konnte (...) ohne großen Einsatz in seinen Interessenfächern gute Leistungen erzielen. Leider ist es ihm in den sprachlichen Fächern nicht gegeben, mit dem gleichen geringen Aufwand zu angemessenen Leistungsergebnissen zu gelangen. Hier muß er seine Bemühungen erheblich steigern! I. arbeitet immer noch zu langsam, zu unkonzentriert und damit unnötig fehlerhaft."

In diesem Fall kann man sowohl aus der Beurteilung der guten als auch der schwachen Leistungen den Vorwurf der Faulheit heraus-lesen: Gute Leistungen werden "ohne großen Einsatz" auf Grund von Interessen erbracht, was dem Lehrer offensichtlich als wenig verdienstvoll erscheint. Die schwachen Leistungen kommen ver-meintlich durch zu geringen Aufwand zustande. Dies kommt einer Fehlbeurteilung der tatsächlichen Anstrengungen des Schülers gleich. Das Urteil "unnötig fehlerhaft" gründet sich auf die vermu-tete Konzentrationsschwäche, die mit fehlendem guten Willen gleichgesetzt wird.

So dienen gute wie schwache Leistungen der persönlichen Ab-wertung des Schülers! Woher soll er da wohl Selbstvertrauen und Leistungsfreude gewinnen? Seine Situation muß ihm – trotz guter Leistungen in den Sachfächern – ganz und gar trostlos erscheinen! Daß er einerseits überfordert, andererseits aber unterfordert ist, vermag der Lehrer nicht zu erkennen.

b) Vorurteile und Konflikte

In Gesprächen mit Lehrern zum Thema Legasthenie stößt man gelegentlich immer noch auf Vorurteile, die letztlich auf die vorwis-senschaftlichen Ursachenerklärungen für Schulversagen und auf die Vorstellung einer Globalbegabung bei allen Kindern zurückge-hen: Wer eine Leistung nicht erbringen kann, ist dumm oder faul. Wer begabt ist, kann nicht leserechtschreibschwach sein, er strengt sich nur nicht genügend an. Wer leserechtschreibschwach ist, kann nicht begabt sein.

Infolge dieser Auffassungen wird Eltern leicht unterstellt, sie wollten, z. B. durch den Notenschutz, Vorteile für ein unbegabtes Kind einfordern. Eine schulrechtliche Anerkennung der Legasthe-nie, die zum Notenschutz auch über die ersten beiden Klassen bzw. über die Grundschulzeit hinaus führt, erhält bei Lehrern leicht das Etikett "Persilschein" oder "Freifahrtschein". Er bewirke, so mei-nen diese Lehrer, daß der Legastheniker sich auf "seinen Lorbeeren ausruht".

Nun wird erstens der Notenschutz nur für die Rechtschreible-istung gewährt, und zwar im Fach Deutsch, in den Fremdsprachen und in allen schriftlichen Arbeiten der anderen Fächer. Inhaltliche Leistungen muß das Kind wie andere Schüler erbringen. Auch in Aufsätzen, in Nacherzählungen und in Grammatikarbeiten im Fach Deutsch wie in den Fremdsprachen muß es sich bewähren. Insofern ist kaum einzusehen, wieso Lehrer dem Notenschutz eine so weitgehende Bedeutung zumessen. Kommt es ihnen am Ende doch nur auf die Rechtschreibleistung an?

Zweitens aber ist zu fragen, wer sich auf dem "Persilschein" ausruht? Die Feststellung einer Legasthenie soll zur Förderung durch die Schule führen. Das Kind kann sich selbst nicht fördern und Mütter haben auch keine Ausbildung dafür.

Wenn also die Rechtschreibleistungen des Schülers sich nicht verbessern, die Schule also keinen oder einen ineffektiven Förderunterricht erteilt, ruht sich wohl nicht das Kind aus. Im Gegenteil, man könnte sagen, hier nimmt die Schule den Freifahrtschein für sich in Anspruch! Verzeihlich erscheint dies nur, weil auch in den Kultusministerien weithin das Problemverständnis fehlt und die Schulen infolgedessen zu wenig Förderstunden und keine gezielte Ausbildung für die notwendigerweise spezielle Förderung erhalten.

Die schwierige Situation der Lehrer

Bei der Bewertung der Ratlosigkeit von Lehrern und ihrer Vorurteile darf man nicht vergessen, daß die wissenschaftliche Diskussion der vergangenen 20 Jahre Schulbehörden und Lehrer verunsichert hat. Zudem soll der Lehrer für alle Schüler da sein, und er findet in seiner Klasse nicht nur Legastheniker, sondern auch andere Schüler mit Lese-Rechtschreibproblemen vor.

Grundschulrichtlinien und Grundsätze der Kultusministerkonferenz stellen als Hauptaufgabe der Grundschule heraus, das Lesen und Schreiben zu lehren. Sie verpflichten den Lehrer dazu, "dafür zu sorgen, daß möglichst wenige Schüler gegenüber diesen *Grundforderungen* versagen" (Hervorh. v. Verf.).

Die Möglichkeiten, die Lehrern für diese Aufgabe zur Verfügung stehen, sind ein Unterricht mit innerer Differenzierung (verschiedene Schülergruppen erhalten unterschiedlich hohe Anforderungen), zusätzliche Förderstunden und der Appell an die Eltern, mit dem Kind zu Hause mehr zu üben.

Die Empfehlungen der Kultusministerkonferenz legen den Lehrern nahe anzunehmen, daß mit diesen allgemeinen Hilfen alles Notwendige getan ist. Erklärungen für ein anhaltendes Versagen, das spezifischer Hilfen bedarf, geben ihm diese Empfehlungen nicht.

Das Problem der "gerechten" Zensierung

Die Leistungsmessung durch Zensuren im Klassenmaßstab gilt immer noch als eine Aussage für Außenstehende, für Lehrherren, Ausbildungsbetriebe und weiterführende Schulen. Daher müssen Zensuren gerecht vergeben werden. Die herkömmliche Forderung lautet: gleiche Zensur für gleiche Leistung, ohne Ansehen der Person! Hinter dieser Forderung, die allenfalls gegen Ende der Schulzeit als sinnvoll gelten könnte, treten leider pädagogische Überlegungen zurück.

Nun ist zwar durch eine Reihe von Untersuchungen gut belegt, daß gleiche Zensuren keineswegs den gleichen Leistungsstand anzeigen, wenn Schüler aus verschiedenen Klassen oder Schulen kommen. Schon am Ende der ersten Klasse kann es vorkommen, daß von zwei Schülern mit gleich schwacher Leseleistung der eine die erste Klasse wiederholen muß, der andere aber als noch gerade durchschnittlicher Leser in die zweite Klasse mitgenommen wird. Der Unterschied liegt in der jeweils vorhandenen Leistungsfähigkeit der Klassen. In "guten Klassen" haben es Schüler schwer, die in "schwachen Klassen" mithalten könnten.

Darüberhinaus aber entsteht in jeder Klasse das Problem der Entmutigung für diejenigen, die die schwächsten Noten erhalten. Zwar geben die schulrechtlichen Bestimmungen immer auch einen Spielraum für pädagogische Ermessensentscheidungen, bei denen die besonderen Schwierigkeiten eines Kindes berücksichtigt werden sollen, und milder geurteilt werden kann. Doch scheint es Lehrern leichter zu fallen, in sozialen und familiären Problemen "besondere Schwierigkeiten" zu sehen als in einer Legasthenie.

Gerechte Leistungsmessung und "schlechte Noten"

Lehrer sagen häufig den Eltern, sie könnten auf die Zensierung der Diktate auch bei den schwachen Schülern nicht verzichten, denn: "Kinder wollen Zensuren haben". Dies ist auf den ersten Blick richtig. Die Schüler sind daran gewöhnt, daß Anerkennung und Lob in der Schule durch Noten ausgedrückt werden. Fragt man aber einmal nach, welche Noten sie haben möchten, dann wünschen sie sich fast ausnahmslos die Noten 1 oder 2, also Lob, Belohnung, Anerkennung ihres Bemühens!

Da die Noten 5 und 6 von Kindern nicht als sachlich-neutrale Bewertung ihrer Leistung, sondern als Bestrafung erlebt werden, leiden sie unter den "schlechten" Noten. Sie werden mutlos, entwickeln Ängste, trauen sich nichts mehr zu und verlieren so allmählich ihre Leistungsfähigkeit. Aus diesen Gründen stellt sich die Frage nach der "gerechten Zensur" ganz anders:

Soll die Schule nicht die individuelle Leistungsfähigkeit *jedes* Kindes entwickeln und stärken? Sollte sie nicht als wichtigste pädagogische Aufgabe ansehen, Entmutigung zu verhindern? Gilt dies nicht in besonderem Maße von Schülern mit Lernschwächen, speziell für eine so grundlegende Leistung wie die Rechtschreibung?

Pädagogisches Ziel: Aufbau der Leistung

Die Rechtschreibung kann viel ungestörter aufgebaut werden, wenn das legasthenische Kind in kleineren Schritten fortschreitet als andere Schüler, dabei aber Erfolge erlebt. Dafür gibt es inzwischen genügend Erfahrungen und theoretische Begründungen. Wenn Lernfortschritte, die sich in der Förderung deutlich abzeichnen, in der Schulklasse wieder zu Mißerfolgserfahrungen umgemünzt werden, weil die Beurteilung im Klassenmaßstab immer noch zur Bewertung "mangelhaft" führt, dann erscheint "gerechte Leistungsmessung" doch sehr fragwürdig!

Im Grunde stellt die Gleichbehandlung von Ungleichen, d. h. von Kindern mit und ohne Lernbehinderungen für die Schriftsprache, eine Ungerechtigkeit dar. Aus diesem Grunde weist z. B. der Legasthenie-Erlaß des schleswig-holsteinischen Kultusministeriums die Lehrer an, Diktate von legasthenischen und leserechtschreibschwachen Kindern nicht mit einer Note, sondern verbal zu bewerten. Dabei sollen die individuellen Lernfortschritte betont und dem Kind bewußt gemacht werden.

Also bedeutet der Notenschutz (keine Zensierung der Diktate und keine Mitbewertung der Rechtschreibung in anderen Arbeiten) nicht ein "Privileg" für Legastheniker, wie von manchen Lehrern vermutet wird. Eine Mutter hat es treffend formuliert: "Notenschutz ist keine Käseglocke, unter der man das Kind schonen will, sondern ein Sauerstoffzelt, das es zum Atmen braucht!"

c) Randbedingungen: Lehreraus- und -fortbildung und die Stundentafel

Bekanntlich reicht die Lehrerausbildung in der ersten Phase für einen wohlgeplanten Erstleseunterricht sehr häufig nicht aus. In der zweiten Ausbildungsphase ist einem jungen Lehrer in der Regel nicht erlaubt, eine erste Klasse zu unterrichten. Übernimmt er dann als voll ausgebildeter Lehrer ein erstes Schuljahr, fehlen ihm die Erfahrungen mit dem Leselernprozeß der Kinder. Erst nach einigen Jahren der Arbeit im Erstleseunterricht wird er die Anforderung, die ihm gestellt ist, überhaupt in vollem Umfang erfüllen können.

Seit die Schülerzahlen zurückgehen, werden häufiger Hauptschullehrer an die Grundschule versetzt. Auch sie stehen, wie ein Berufsanfänger, vor dem Problem, das Lesenlehren erst noch lernen zu müssen! Mehrere Bundesländer bieten daher während des Schuljahres eine gezielte Fortbildung für den Erstleseunterricht an.

Aber auch der erfahrene und bemühte Lehrer kann nicht alle methodischen Hilfen kennen, die ein Schüler mit ausgeprägten Leselernschwierigkeiten braucht. Daher ist es ihm selbst im binnendifferenzierten Unterricht (d. h., wenn er mit kleinen Gruppen annähernd gleicher Leistungsfähigkeit arbeitet) nicht immer möglich, sachgerecht zu helfen. Die Eltern für ihre häusliche Mithilfe angemessen zu beraten, stellt in diesem Fall eine nicht lösbare Aufgabe dar.

Die Förderstunden reichen nicht aus

Eine Umfrage des Bundesverbandes Legasthenie, die 1995 an alle Universitäten und Erziehungswissenschaftlichen Hochschulen gerichtet wurde, brachte ein insgesamt enttäuschendes Ergebnis: Nur an wenigen Hochschulen werden zukünftige Lehrer über die Legasthenie informiert. Selbst in der Ausbildung für Sonderschullehrer wird das Thema nur selten angesprochen. In der Lesedidaktik, mit der zukünftige Grundschullehrer sich in der Ausbildung beschäftigen, werden spezifische, der Kompensation von Leselernschwächen dienende Methoden im allgemeinen nicht vermittelt. Zukünftige Gymnasiallehrer erfahren während ihres Studiums nur selten etwas über das Thema Legasthenie.

Weiterhin besteht für die Schule das Problem, eine ausreichende Zahl von Förderstunden in den Stundenplan als verbindlich einzufügen. Die Möglichkeiten dafür sind in den verschiedenen Bundesländern unterschiedlich. Immer wieder aber hören wir von Eltern, daß Förderstunden zwar vorgesehen sind, aber nicht durchgeführt werden, weil der Förderlehrer für erkrankte Kollegen vertretungsweise andere Unterrichtsstunden übernehmen muß.

In anderen Fällen faßt man Schüler, die "Deutschförderung" brauchen, also eine Nachhilfe in Rechtschreibung, Grammatik und

Aufsatzgestaltung, in einer Gruppe mit legasthenischen Kindern zusammen. Spezielle Übungen für Legastheniker, die in aller Regel keine Probleme mit der Grammatik haben, finden dann nicht statt.

Andernorts fallen Förderstunden für Legastheniker aus, weil die Stunden für die Förderung von ausländischen Schülern oder Umsiedlerkindern gebraucht werden. Das Schulsystem aber darf nicht den Bildungsanspruch der einen Schülergruppe zugunsten des Anspruchs einer anderen aufgeben.

In einer Reihe von Schulen erprobt man inzwischen Modelle, in denen ein für erschwerte Leselernprozesse besonders ausgebildeter Lehrer (meist Sonderschullehrer) in der Grundschule für Einzel- und Kleingruppenförderung leseschwacher Kinder tätig ist. Dieser Lehrer kann seine Kollegen und auch die Eltern für eine begleitende und nachgehende Förderung, z. B. im Anschluß an zeitlich kompakte Intensivförderung, beraten.

In einem "Zwischenbericht der Forschungsgruppe Früherkennung und Frühförderung von Kindern mit Lese- und Rechtschreibschwierigkeiten 1993–1998", der im Auftrag des Kultusministeriums Mecklenburg-Vorpommern 1996 veröffentlicht wurde, ist eine Untersuchung über Erfolge in Lese-Intensivmaßnahmen aus Schleswig-Holstein enthalten.

Lese-Intensivmaßnahmen dauern mindestens zehn bis zwölf Wochen, in denen Kinder, die in ein oder zwei Schulbesuchsjahren das Lesen nicht erlernt haben, es nunmehr lernen. Sie besuchen diese Kurse gastweise und kehren danach in ihre eigene Klasse zurück. Die Ergebnisse der Erfolgskontrollen haben gezeigt, daß es leseschwache Schüler gibt, die ohne ausreichenden Erfolg aus der Intensivmaßnahme in die Regelklasse zurückgegangen sind. Spätere Überprüfungen der Lese- und Rechtschreibleistungen dieser Schüler ließen erkennen, daß sie bis zum Ende der 4. Klasse auf dem Leistungsstand stehengeblieben sind, den sie bei Abschluß der Intensivmaßnahme erreicht hatten, d. h. bei überwiegend lautgetreuen, daher fehlerhaften Schreibungen. Auch lasen sie noch sehr langsam und stockend, wie Erstkläßler am Ende der Klasse.

Offensichtlich gibt es Schweregrade der Lese-Rechtschreibschwäche – häufig in Verbindung mit einer Vorgeschichte von Frühgeburt, Brutkasten, Frühgeborenen-Gelbsucht oder anderen Geburtsrisiken – für die weder eine schulinterne Kleingruppen-Förderung noch die Hilfen der Intensivmaßnahmen ausreichen. Die Schule kann daher ihren Auftrag, alle Kinder das Lesen und

Schreiben zu lehren, nicht ohne gestufte Organisationsformen der Förderung erfüllen. Die Hilfen müssen den Schweregraden der Erscheinungsbilder von Lese-Rechtschreibschwächen gerecht werden.

Schulbehörden sind heute eher geneigt, Intensivmaßnahmen einzurichten anstatt LRS-Klassen. Solche Klassen gab es in den 70er Jahren in Bonn, Düsseldorf, Freiburg, Hamburg, Hannover, Karlsruhe und Köln. In der damaligen DDR gab es LRS-Klassen in einzelnen Orten aller Bezirke. Heute findet man sie im Westen noch in den Städten Freiburg und Karlsruhe, im Osten in den Ländern Mecklenburg, Sachsen, Sachsen-Anhalt und Thüringen. Zieht man aus den Ergebnissen der zitierten Untersuchung nüchterne Schlußfolgerungen, so stellen Intensivmaßnahmen und LRS-Klassen notwendige Maßnahmen dar, die unterschiedlichen Schweregraden der Leseschwächen gerecht werden.

Der Bundesverband Legasthenie fordert angesichts der beschriebenen Situation Lehrer mit einer Ausbildung als "Lesespezialisten" für

- die Früherkennung von Leselernproblemen möglichst noch im Verlauf der ersten Klasse durch Siebungsverfahren wie z. B. die Diagnostischen Bilderlisten (Dummer-Smoch 1993);
- die Feststellung der Legasthenie (einschließlich der Diagnose von Stärken und Schwächen in den allgemeinen Lernvoraussetzungen) möglichst bis zum Ende der Klasse 3;
- die spezielle Förderung, mit kompensatorischen Hilfen, wie z. B. Lautgebärden;
- die Information und Beratung der Eltern über die Stärken und Schwächen ihres Kindes und über Hilfen, die sie zu Hause geben können.

Erst wenn diese Voraussetzungen erfüllt sind, wird es nicht mehr zu den Mißverständnissen und Konflikten zwischen Eltern und Lehrern kommen, die heute noch häufig durch die Legasthenie eines Kindes ausgelöst werden.

3. Die Not der Kinder

Wenn man sehr junge Kinder zu ihrer Legasthenie befragt, so erhält man manchmal seltsame Antworten, die keineswegs erkennen lassen, ob das Kind sich mit seinem Problem auseinandersetzt oder gar darunter leidet.

Verhaltensbeobachtungen lassen in diesen Fällen mehr erkennen: Kopf- oder Bauchschmerzen am Morgen vor Schulbeginn, speziell vor einer Klassenarbeit, Leseunlust, schlecht geführte oder zerrissene Hefte sprechen eine deutliche Sprache. Ebenso sollten Schlafstörungen, Abkauen bzw. "Abpulen" der Finger- oder Fußnägel, das Verstecken von Klassenarbeitsheften, als Notsignale verstanden werden.

Gelegentlich aber kommt es zu spontanen Äußerungen, die zumindest indirekt erkennen lassen, daß das Kind leidet. Im folgenden werden Berichte von Eltern wiedergegeben:

Verzweiflung schon im zweiten Schuljahr

"Inzwischen häufen sich die Diktate mit '5'. Kommentar der Lehrerin: Jürgen muß mehr üben! Mehr üben ist ein Unding, wir haben schon kein Gespräch mehr außer üben. Jürgen wird mit jedem Fünferdiktat unglücklicher, aggressiver und empfindlicher zugleich. Eines Morgens kriecht der knapp 8jährige zu uns ins Bett, weint, und fragt: 'Warum lebt man, wenn man zur Schule muß?'" (aus: Rhein 1982, S. 11)

Wutanfälle und Aggressionen bei einem irritierten Kind

"Uwe kommt vom Sport nach Hause. Er ist sehr aufgekratzt und munter, und beantwortet unbefangen die Fragen nach den Hausaufgaben: 'Nur Englisch, Vokabeln und etwas auswendig lernen'. Er holt auch sein Heft bereitwillig in die Küche, damit während des Abendessens gefragt werden kann.

Aber bei meinen Fragen wird er ungeduldig, wenn er etwas nicht weiß. Ich werde laut und er geht wütend und zugleich geknickt in sein Zimmer. Ich bringe das Vokabelheft hinterher, er schleudert es fort! Ich lasse ihn zufrieden und gehe wortlos. Meine Frau geht in sein Zimmer und fragt nach den Hausaufgaben. Er sagt: 'Ja, mache ich aber nicht, ist ja doch alles egal!' Meine Frau geht. Auch ich lasse ihn in Ruhe. Er geht ins Bett (...)

Als es dunkel ist, gehe ich noch einmal zu ihm. Er kommt sofort hoch, ich kann ruhig mit ihm über die Aufgaben sprechen. Er: 'Morgen ist ein Englisch-Test (schriftliche Hausarbeits-Kontrolle mit Zensur). Ich würde am liebsten krank sein. Ich will nicht in die Schule. Ist ja doch alles egal, ich bekomme immer nur 5 und 6!'" (Brief eines Vaters an d. Verf.)

Wunsch- und Tagträume

Im Rahmen einer Testuntersuchung wurde einem legasthenischen Kind die Frage gestellt: "Wenn du zaubern könntest, was würdest du dir herbeizaubern?" Die Antwort lautete:

"Ich würde den Kummer wegzaubern und die Not und die Legasthenie. Ich würde zaubern, daß ich als ganz kleines Baby geboren werde, um von alledem nichts mehr zu wissen."

Michael Holzach, ein junger Schriftsteller, berichtet in seinem Buch "Deutschland umsonst", daß er als erwachsener Mann beim Besuch seiner alten Internatsschule von seinen Tagträumen als Junge erfuhr (1982, S. 71):

"Bei einem Glas Apfelsaft höre ich staunend von meinem Lehrer, daß ich schon als Dreizehnjähriger von Holzminden nach Hamburg laufen wollte, und zwar barfuß. Langsam kehrt die Erinnerung zurück: Nachdem ich das dritte Mal sitzengeblieben war, wollte ich der ganzen Schule zeigen, wozu ich fähig war, was in mir steckte. Vokabeln konnte ich mir nicht merken, was Adverbialkontributionen sind, blieb mir bis heute ein Rätsel, aber die Fähigkeit, trotzdem Einmaliges zu vollbringen, die wollte ich allen beweisen."

Bin ich vielleicht dumm?

In einigen Aussagen legasthenischer Schüler aus dem Legasthenie-Zentrum des Jugenddorf-Christopheruswerks in Oberurff wird deutlich, wie wenig sich der Legastheniker von den Fremdbeurteilungen, er sei dumm, faul oder flüchtig, lösen kann:

"Ich glaube, daß ich zu früh in die Schule gegangen bin und, weil ich früher nicht so geübt habe. Und vielleicht, weil ich immer meine Hausaufgaben nicht gemacht habe."

"(...) daß einen Sachen, die einem beigebracht werden, langweilen, und man deswegen viele Flüchtigkeitsfehler macht."

"(...), daß ich meistens länger lernen muß als die anderen und nicht so schnell begreife, wie die anderen."

In Dänemark wurden Erwachsene, ehemals legasthenische Schüler, nach ihren Schulerfahrungen befragt. S. A. Tordrup (1970, S. 197) gibt eine Reihe von Äußerungen wieder:

"Ich dachte, irgend etwas müßte mit mir los sein, wenn ich nicht wie die anderen Kindern lesen lernen kann. Sollte ich etwa dumm sein?"

"Ich nahm für einige Zeit an, ich sei dumm".

"Ich fand es komisch, daß ich nicht so lesen konnte wie die anderen, bis ich zu wissen bekam, daß ich wortblind war" (in Dänemark wird die Legasthenie als "Wortblindheit" bezeichnet).

"Es quälte mich, daß ich der Schlechteste in der Klasse war; in der Leseklasse war ich der Beste" (in Dänemark können Legastheniker besondere Kleinklassen besuchen).

"Ich grübelte darüber nach, warum ich nicht lesen konnte. In der Leseklasse bekam ich es dann zu wissen."

Aus diesen und weiteren Äußerungen ging hervor, daß die Erwachsenen sich erinnerten, wie wichtig es für sie war, zu erfahren, daß ihre Leselernschwierigkeiten nichts mit Dummheit zu tun hatten.

Realistische Wünsche der Legastheniker

Tordrup faßt Aussagen zu den schulischen Anforderungen wie folgt zusammen:

"Die Leseschwachen (...) erwarten jedoch, daß die Lehrer ihre Behinderung kennen, dafür Verständnis haben und danach ihre Ansprüche einrichten. Stellen die Lehrer unerfüllbare Anforderungen und begegnet man den Leseschwachen mit Vorwürfen, selbst dann, wenn sie ihr Bestes gegeben haben, empfinden sie dies als Unrecht." (Tordrup 1970, S. 198)

Erwachsene, denen in der Schule mit Unverständnis begegnet worden war, zeigten in den Interviews selbst nach vielen Jahren noch Gefühle der Scham, der Minderwertigkeit, der Unsicherheit und Angst. Sie empfanden noch in der Erinnerung die damals erlebten Kränkungen, wenn sie an ihre Lehrer zurückdachten.

Von ähnlichen Gefühlen berichtet auch Michael Holzach: "Und nun, nach zwei Jahrzehnten, komme ich zwar in Schuhen, aber doch zu Fuß aus Hamburg, um mir als erwachsener Mann die Bestätigung abzuholen, die ich als Kind so nötig gebraucht hätte. Hier, vor meinem alten Lehrer bin ich wieder der kleine Quintaner, mit den gleichen Ängsten, den gleichen Selbstzweifeln, da hilft kein Abitur, kein Studium und auch kein angesehener Redakteursposten mit Telefon und Sekretärin, die mir die Rechtschreibfehler aus den Manuskripten sucht." (Deutschland umsonst, 1982, S. 71)

III. Teilleistungsschwächen als Ursachen von Legasthenien

Schon in den Anfängen der Legasthenieforschung erschien der einfache Zusammenhang zwischen einer einzigen Ursache und dem Erscheinungsbild von Legasthenien fraglich. Man sprach von mehreren Ursachenebenen (Meyer/Meyer 1972, S. 20):

– primäre oder biologische Ursachenebene (Auge, Ohr, Gehirn),
– sekundäre Ebene der Funktionsschwächen,
– tertiäre Ebene der Erscheinungsformen.

Auf der Ebene der Erscheinungsformen wurden wiederum drei Stufen unterschieden: Aus dem Lese- und Rechtschreibversagen ergeben sich (durch Entmutigungen) allgemein schwache Schulleistungen und daraus wiederum zunehmend Verhaltensstörungen. Steht das Erscheinungsbild von Verhaltensstörungen im Vordergrund, so wird eine bis dahin unerkannte Legasthenie ohne eine diagnostische Untersuchung nicht mehr erkannt.

Heute spricht man auf der zweiten Ursachenebene nicht mehr von "Funktionsschwächen", sondern von "Teilleistungsschwächen". Nicht die Lese-Rechtschreibschwäche ist eine Teilleistungsstörung (im schulischen Lernen), wie man in pädagogischen Veröffentlichungen gelegentlich liest. Vielmehr finden sich Teilleistungsschwächen in den zahlreichen Voraussetzungen in Wahrnehmung und Motorik, die das Lesenlernen erst ermöglichen.

Breuer und Weuffen haben ein Verfahren entwickelt, mit dem man schon im Vorschulalter, aber auch noch während des ersten Schuljahrs, fünf Teilleistungen überprüfen kann, die für das Lesenlernen von großer Bedeutung sind. Sie prüfen

● die Fähigkeit zur optisch-graphomotorischen Differenzierung,
● die Fähigkeit zur phonematisch-akustischen Differenzierung,
● die Fähigkeit zur kinästhetisch-artikulatorischen Differenzierung,
● die Fähigkeit zur melodischen Differenzierung und
● die Fähigkeit zur rhythmischen Differenzierung.

Beim einzelnen Kind können eine oder mehrere dieser Teilleistungsschwächen vorhanden sein. Ein Training der schwachen Differenzierungsleistungen hat sich bewährt. Der Schweregrad der Leselernschwächen konnte nachweislich vermindert werden (Breuer/Weuffen 1993).

Die Vorstellung von Teilleistungsschwächen in verschiedenen Wahrnehmungsbereichen, in der Motorik und im Zusammenspiel zwischen Wahrnehmungsbereichen und Motorik macht zugleich einsichtig, warum die Lernschwächen legasthenischer Kinder nichts mit zu schwacher Intelligenz zu tun haben.

Früher galten lese-rechtschreibschwache Kinder durchweg als "dumm". Thomas Alpha Edison, der große Erfinder und einer der berühmt gewordenen Legastheniker, wurde wegen seiner Leselernprobleme von seinem Lehrer ein "Dummkopf" gescholten. Auch heute noch meinen viele Menschen, an der Rechtschreibung könne man die Begabung eines Kindes oder Jugendlichen ablesen. Daher benutzen viele Behörden und Firmen zur Auslese von Bewerbern für Ausbildungsplätze unter anderem einen Rechtschreibtest.

Nun lernen zwar intelligentere Kinder in der Regel schneller und leichter lesen und schreiben als weniger Begabte. Das gilt aber bei weitem nicht immer! Als ein Beispiel dafür, wie trotz guter intellektueller Befähigung eine Denkleistung dennoch nicht gelingen kann, sofern nämlich eine Störung der Wahrnehmung vorliegt, kann die Rot-Grün-Blindheit gelten.

Nehmen wir an, einem rot-grün-blinden Kind sei die folgende Aufgabe gestellt: Es soll eine bestimmte Reihenfolge farbiger Perlen nach einer Vorlage auffädeln, dabei die Gesetzmäßigkeit in der Reihenfolge erkennen und das Muster entsprechend fortsetzen. Dies ist eine Testaufgabe, wie sie in ähnlicher Form in vielen Intelligenztests vorkommt. Das rot-grün-blinde Kind wird die Aufgabe nicht lösen können, sofern rote und grüne Perlen dabei unterschieden werden müssen. Gibt man ihm ausschließlich andersfarbige Perlen, so vermag es die richtige Lösung zu finden.

Es leuchtet ein, daß die falsche Lösung in diesem Fall nicht auf einem Mangel an Intelligenz beruht, sondern auf einer Störung im Bereich der visuellen Wahrnehmung.

Das Verhältnis von Wahrnehmung und Denken

In der Zeit, als die Legasthenie als ein besonderer Fall von Schulversagen auffiel, sprach man von "isolierter" oder "partieller" Lese-

Rechtschreibschwäche. Diese Formulierung meinte, daß die Lernvoraussetzungen eines Legasthenikers nur für das Erlernen des Lesens und Schreibens eingeschränkt seien, die Denkfähigkeit aber nicht. Dies ist später mißverstanden worden. Vor allem Lehrer meinen heute, man dürfe von "isolierter" Schwäche nicht sprechen, weil ja bei legasthenischen Kindern durch Entmutigung rasch ein allgemeineres Schulversagen eintreten kann.

Aus diesem Grund mag es hilfreich sein, sich das Verhältnis von Teilleistungsschwächen der Wahrnehmung und Motorik zu Intelligenzleistungen im engeren Sinne an einem Schaubild klarzumachen:

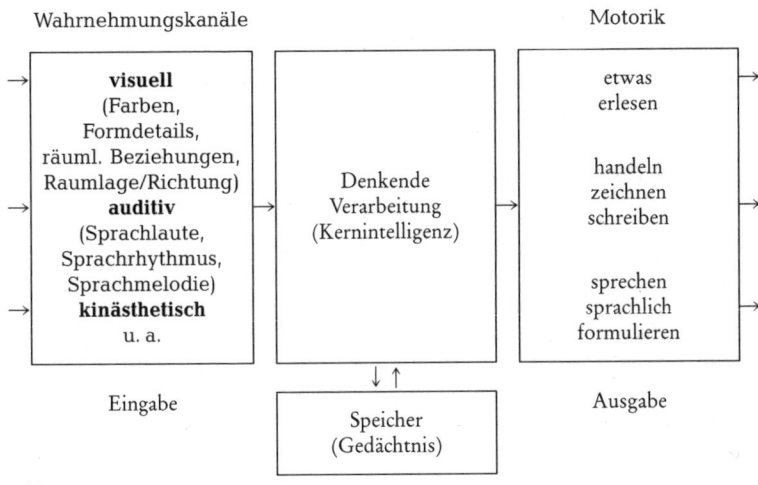

Abb. 1

In diesem stark vereinfachten Modell wird der Weg der Informationsaufnahme und -verarbeitung bis zur Aufgabenlösung dargestellt.

Denken verarbeitet Wahrnehmungen und gespeichertes Wissen

Auf der linken Seite kommen die Informationen aus der Umwelt über die verschiedenen Wahrnehmungskanäle in das Gehirn. Das Gehirn stellen wir uns als einen Ort vor, in dem denkende Verarbeitung, Kombinieren und Problemlösen stattfinden. Es kann die aufgenommenen und verarbeiteten Informationen abspeichern, aber

43

das gespeicherte Wissen auch abrufen, wenn es für die Verarbeitung der neuen Informationen benötigt wird.

Auf der rechten Seite unseres Schaubildes sind die Kanäle nach außen, vor allem Motorik und Sprache angedeutet, über welche Aufgabenlösungen, bzw. Denkergebnisse in mündlicher oder schriftlicher Form wieder in die Umwelt gelangen.

Wenn jemand keine Teilleistungsschwächen der Wahrnehmung oder Motorik hat, dann wird er jede Information – gleichgültig ob er sie hört, sieht, riecht oder ertastet – ungestört aufnehmen und die Aufgabenlösung wird seinen intellektuellen Fähigkeiten entsprechen.

Im Falle von Teilleistungsschwächen kann der gestörte oder beeinträchtigte Wahrnehmungskanal das Gehirn nicht mit der nötigen Information versorgen. Bei einer Wahrnehmungsschwäche im auditiven Bereich ist es dem Kind beispielsweise nicht möglich, die Laute **o** und **u** zu unterscheiden. Dies kommt bei Legasthenikern ziemlich häufig vor, insbesondere, wenn es sich um kurz gesprochene Vokale handelt.

Fehler durch Wahrnehmungsschwächen sind keine Denkfehler!

Wenn es an einer auditiven Wahrnehmungsschwäche leidet, vermag das Kind bestimmte Leseaufgaben im ersten Anlauf nicht zu lösen. Diese Unfähigkeit spricht aber nicht für mangelnde Intelligenz, sondern nur für die beschriebene Wahrnehmungsschwäche.

Noch schwerer fällt diesem Kind dann die richtige Schreibung von Wörtern mit kurzen Vokalen. Beim Lesen ist es leichter möglich, aus dem Sinnzusammenhang des Textes ein Wort zu erraten. Wenn es das Wort aber niederschreiben soll, ist das Kind auf seine eigene Artikulation angewiesen, die ihm wegen der Wahrnehmungsschwäche keine sichere Entscheidungshilfe gibt.

Erliest ein Kind andererseits infolge einer Sequenz- oder Reihenfolgestörung ein Wort wie "Kamel" als "Kamle", dann gibt ihm der Speicher keine Bedeutung für dieses Wort her, weil es in dieser Form ja nicht vorkommt. Das jüngere Kind nimmt dann an, daß es sich um ein Wort handele, das es noch nicht kennt. Erst ältere Legastheniker vermögen mit Hilfe von Hinweisen aus dem Textzusammenhang solche Wörter trotz der Verlesung zu erschließen und ihre Lesefehler auf diese Weise zu kompensieren.

Zuerst Hör- und Sehvermögen überprüfen lassen!

Nicht nur Teilleistungsschwächen, auch unerkannte Hörbehinderungen und Sehfehler erschweren das Lernen in der Schule, insbesondere das Erlernen des Lesens und Schreibens. Daher sollte es in den Schulen zur Regel werden, Eltern mit einem Kind, das Schulschwierigkeiten hat, zu allererst zum Augen- und Ohrenarzt zu schicken. Sie müssen aber dort auch auf die Schulschwierigkeiten ihres Kindes hinweisen, damit umfassend untersucht wird.

Es hat sich gezeigt, daß mancher schwache Schüler nur wegen einer unerkannten Hörbehinderung dem Unterricht nicht zu folgen vermochte. Wie ein legasthenisches Kind kann auch ein solcher Schüler durch zunehmende Entmutigung so scheitern, daß er sonderschulbedürftig erscheint.

Bei den Sehfehlern bleiben vor allem die geringfügigen Abweichungen vom normalen Sehen häufig unerkannt und führen zu Schulproblemen. Wenn ein Kind ganz offensichtlich schielt, schaltet das Gehirn beim Lesenlernen den Bildeindruck des einen Auges gewissermaßen ab. Es besteht zwar in diesem Fall die Gefahr, daß die Sehkraft des nicht benutzten Auges allmählich verlorengeht. Aber dem Leselernprozeß kommt das einäugige Sehen zugute: es entstehen keine verschwommenen oder sich überdeckenden Bilder.

Anders geht es bei Weitsichtigkeit oder Schielstellungen zu, wenn sie geringfügig von den normalen Verhältnissen abweichen: Im Gehirn bilden sich gewissermaßen zwei Bilder von Buchstaben oder Wörtern ab, die sich nicht zu einem deutlichen Seheindruck verbinden, sondern zu verschwommenen, ineinanderrutschenden Buchstabenfolgen. Vor allem bei kleinerer Schrift ist es dem Kind dann unmöglich, Buchstabenformen oder Wortbilder zu unterscheiden oder wiederzuerkennen. In diesem Fall stellt die Zuordnung der entsprechenden Laute ein erhebliches Problem dar.

Das Ineinanderrutschen der Seheindrücke kann anfänglich beim Lesen vom Gehirn aus noch kompensiert werden. Das aber erfordert Anstrengung. Kinder, die diese Probleme haben, klagen nach kurzer Zeit über Müdigkeit, sie beginnen zu gähnen, reiben ihre Augen, und sie machen zunehmend mehr Lesefehler. Ausgesprochene Leseunlust und häufiges Gähnen beim Lesen sollten stets den Verdacht auf Sehfehler begründen und die Eltern bewegen, ihr Kind dem Augenarzt vorzustellen.

Bei zentraler Fehlhörigkeit kann ein Kind in einem stillen Raum völlig normal hören. In geräuschvoller Umgebung sinkt die Hörleistung des zentral fehlhörigen Kindes jedoch massiv ab. In einem Klassenraum, wo es viele Nebengeräusche gibt, ist es ihm nicht möglich, Sprache zu verstehen. Es nimmt die Nebengeräusche wesentlich lauter wahr als ein normalhöriges Kind. Ihm fehlt die "Filterfunktion" des Gehörs, mit der wir uns normalerweise auch in einem Sprachgewirr auf einen Sprecher einstellen können. Das Richtungshören ist gleichfalls beeinträchtigt. Im Klassenraum kann ein fehlhöriges Kind nicht feststellen, aus welcher Richtung ein anderes Kind spricht.

Daher wird ein fehlhöriger Schüler häufig als unkonzentriert und unwillig wahrgenommen, als störend, weil er beim Sitznachbar nachfragt, wenn er eine Anweisung der Lehrerin nicht verstanden hat. Auch während des Diktats muß er häufiger die Lehrerin fragen, weil er während des Schreibens bereits diktierte Wörter aus dem "Speicher" verliert. Mit der Fehlhörigkeit sind meist noch andere Teilleistungsschwächen verbunden. Daher zeigen die Lese- und Rechtschreibschwächen dieser Kinder meist erhebliche Schweregrade. So wiesen die Schreibungen von Felix (Name geändert), über den nachfolgend berichtet wird, im zweiten Schulbesuchsjahr noch viele spiegelbildlich geschriebene Druckbuchstaben auf.

Felix zeigte das typische Erscheinungsbild einer Legasthenie bei zentraler Fehlhörigkeit. Er wurde wegen vermeintlicher Sonderschulbedürftigkeit im zweiten Schulbesuchsjahr testdiagnostisch untersucht.

Nach Aussage der Grundsschullehrerin entsprachen seine Leistungen im Rechnen, Lesen und Schreiben nicht den Anforderungen des Unterrichts. Sie beschrieb ihn so:

"Felix macht häufig einen schulunlustigen, gelangweilten Eindruck. Gelegentlich guckt er minutenlang vor sich hin und scheint völlig abwesend zu sein, oder er albert herum und gibt freche Antworten. Er arbeitet nur, wenn eine Lehrkraft neben ihm sitzt. Er hat keinen Ehrgeiz, fertig zu werden und schafft manchmal nur sehr wenig. Bei mündlichen Anweisungen fragt er oft nach und hört bei Erklärungen nur zu, wenn er als Einzelperson angesprochen wird. Erklärungen im Klassenverband sind für ihn wirkungslos, da er nicht hinhört.

Aufgrund von Leseproblemen bestehen Schwierigkeiten bei

Sachaufgaben. Felix kennt alle Buchstaben. Er kann sie benennen und schreiben. Ein fehlerhaftes Abschreiben ist möglich. Unbekannte Texte kann er jedoch nicht erlesen."

Die Untersuchung wegen Verdachts auf sonderpädagogischen Förderbedarf hatte andere Beobachtungs- und Testergebnisse:

Felix war während der Untersuchung motiviert, ehrgeizig und sehr bemüht, die an ihn gestellten Anforderungen so gut wie möglich zu erfüllen. Der Intelligenztest ergab einen überdurchschnittlichen IQ. Stärken fanden sich in der visuellen Merkfähigkeit und beim logischen Schlußfolgern.

Die Schulleistungen erwiesen sich im Vergleich zu Erstkläßlern als durchschnittlich. Jedoch war das Schreiben nach Diktat nicht möglich. Felix konnte Buchstaben lesen. Demgegenüber gelang ihm nur zum Teil, vorgesprochene Wörter in einer Wörterliste aufzusuchen. Wörter konnte er erlesen, doch scheiterte bei zunehmendem Textumfang die Sinnentnahme.

Die ohrenärztliche Untersuchung führte zu folgendem Befund:

"Die Störung der akustischen Informationsverarbeitung hat zur Folge, daß ähnlich klingende Laute immer wieder verwechselt werden, was dazu führt, daß auch ähnlich klingende Wörter nicht ausreichend unterschieden werden können. Des weiteren kann das Gedächtnis für akustische Inhalte beeinträchtigt sein, was zu einer Behinderung beim Diktatschreiben führt, weil das Vorgesprochene nicht ausreichend gespeichert werden kann."

Die Beobachtungen der Klassenlehrerin treffen demnach für die Klassensituation durchaus zu. Sie sind aber als Folge der zentralen Fehlhörigkeit zu verstehen und nicht als Intelligenzmangel. In der Einzeluntersuchung bei der Sonderschullehrerin, d. h. in einem geräuscharmen Raum und bei direkter Ansprache konnte er die Aufgaben nicht nur verstehen, er zeigte auch Einsatzbereitschaft, ja Ehrgeiz.

Teilleistungsschwächen trotz intakter Sehleistung:
Spezielle Sehbehinderungen bei Legasthenie

Immer, wenn uns ein Kind beim Lesen auffällig erscheint, die augenärztliche Untersuchung aber intaktes Sehen ergibt, besteht der Verdacht auf spezielle, zentrale Probleme der Verarbeitung in der Sehbahn zwischen Auge und Gehirn.

Ein solches Problem stellen die sogenannten "erratischen"

Augenbewegungen dar. Sie sind mit dem bloßen Auge nicht unbedingt beobachtbar, können aber mit Meßeinrichtungen gut erfaßt werden. Während das Kind liest, wird mit einer Infrarot-Methode gemessen, wie häufig, mit welcher Geschwindigkeit und in welche Richtung das Kind Blicksprünge macht. Normalerweise springt das Auge beim Lesen mehrmals in der Zeile gezielt von links nach rechts. Ein langer Blicksprung erfolgt dann vom Zeilenende nach vorn zur neuen Zeile. Bei einem relativ hohen Prozentsatz legasthenischer Kinder aber bewegen sich die Augen nicht in regelmäßigen Blicksprüngen nach rechts, sondern ganz unregelmäßig in unterschiedlich langen Blicksprüngen und in zufälliger Folge nach links oder rechts.

Dieses unruhige und ungesteuert erscheinende Verhalten der Augen ist seit langem bekannt. Ursprünglich haben die Forscher angenommen, daß die unregelmäßigen Augenbewegungen dazu dienen, bereits Gelesenes noch einmal zu überprüfen. Dann wären vor allem die nach links gerichteten Blicksprünge eine Folge der Leseschwäche. Dem widerspricht aber, daß auch ältere Kinder, die ihre Leseschwäche weitgehend kompensiert haben und bereits flüssig lesen, dennoch die gleichen erratischen Augenbewegungen zeigen.

Eine andere Annahme war, daß die unruhigen Augenbewegungen die Ursache der Legasthenie seien. Man müsse nur ruhige, nach rechts gerichtete Augenbewegungen einüben, um die Legasthenie zu beseitigen. Diese Annahme kann aber die Schwächen der Lautunterscheidung (auditiven Verarbeitung) nicht erklären, die bei vielen legasthenischen Kindern zugleich mit den unruhigen Augenbewegungen zu beobachten sind.

Heutige Forschungsergebnisse führen zu einer anderen Erklärung: Sowohl auf dem Verarbeitungsweg der Hörbahnen als auch auf dem der Sehbahnen gibt es eine Schaltstelle, in der rasch aufzunehmende, flüchtige Wahrnehmungen verarbeitet werden. Die Zellen dieser Schaltstellen arbeiten in beiden Bahnen weniger effektiv als bei nicht leseschwachen Kindern: Daher können legasthenische Menschen die nur kurz anklingenden Konsonanten (vor allem b-p, d-t, g-k) nicht gut unterscheiden.

In der Sehbahn werden in diesem Hirnbereich unter anderem die Blicksprünge gehemmt: während das Auge einen Punkt fixiert, ruht es normalerweise. Die Aufmerksamkeit bleibt ungestört auf das Blickziel gerichtet. Während dieser Zeit unterdrückt eine Hemmung vorzeitige Blicksprünge. Dadurch wird auch sichergestellt, daß der nachfolgende Blicksprung das "Bild" aus der Fixationszeit vor der Augenbewegung und das "Bild", das vom Auge nach dem Blicksprung aufgenommen wird, sauber trennt. Die beiden "Bilder" können nicht ineinander "verschmieren".

Für das Lesen bedeutet dies, daß vorzeitige und unregelmäßige Blicksprünge zwar nicht die Ursache der Legasthenie sind. Sie erschweren aber das ungestörte Lesen zusätzlich: In einem Versuch, bei dem legasthenische Kinder und Erwachsene einen Punkt fixieren und beim Auftauchen eines zweiten Punktes den Blick auf diesen richten sollten, beobachtete man folgendes: "Häufig sind die Prozesse, die einen Blicksprung vorbereiten, sogar schon abgeschlossen, bevor das Blickziel erscheint. Solche Legastheniker scheinen eine dauernd erhöhte Bereitschaft zu haben, Blicksprünge durchzuführen." (Biscaldi/Otto 1996)

Da beide Auffälligkeiten im Hör- und im Sehbereich vor allem mit Störungen zeitlicher Verarbeitung zu tun haben, können sie Folge einer gemeinsamen, zugrundeliegenden Störung sein, die sich möglicherweise in mehreren Wahrnehmungsbereichen auswirkt.

Forschungsergebnisse des vergangenen Jahrzehnts sprechen für biologische Ursachen

Diese Annahme, daß sowohl visuelle als auch auditive Verarbeitungsschwächen eine gemeinsame, tiefere Ursache haben können, steht im Einklang mit vielen neuen Forschungsergebnissen aus den 90er Jahren. Vor allem in den USA, England und auch Deutschland hat die Forschung zu einer großen Zahl von Teilergebnissen geführt, die allerdings noch nicht zu einem Gesamtbild geordnet werden können.

Einige Teilergebnisse konnten sowohl aus Studien an Gehirnen verstorbener Legastheniker als auch mit verschiedenen bildgebenden Verfahren in Untersuchungen mit legasthenischen Kindern, Jugendlichen und Erwachsenen gewonnen werden. Sie bestätigen sich im wesentlichen gegenseitig. Aus diesen Ergebnissen sind mindestens drei Aussagen als gesichert abzuleiten:

- *Legasthene Schwächen haben neuropsychologische Ursachen.* Diese Ursachen sind selbst bei erwachsenen Legasthenikern, die relativ gut lesen und schreiben gelernt haben, immer noch nachweisbar.
- *Die neurobiologischen Ursachen bestehen bereits bei der Geburt.* Milieubedingungen, d. h. Einflüsse aus Elternhaus und

Schule wirken sich erst in zweiter Linie aus. Sie entscheiden vor allem darüber, ob das Kind trotz seiner Schwächen den Mut zum Lernen behält oder verliert.

– *Die vorgeburtlich angelegten Ursachen sind nicht hehebbar.* Es ist nicht möglich, die später in Erscheinung tretenden Teilleistungsschwächen zu verhindern. Durch angemessene Übungsmethoden aber kann man den Kindern helfen, ihre Schwächen – vor allem im Lesen und Schreiben – mehr und mehr zu kompensieren.

Professor Galaburda, namhafter Legasthenieforscher aus den USA hat auf die Frage, ob man denn im Gehirn eines legasthenischen Kindes operativ etwas ändern könne, geantwortet, erstens sei dies nicht möglich und zweitens sei es viel vernünftiger, die Anforderungen der Gesellschaft so zu ändern, daß von Legasthenie betroffene Kinder in den Schulen nicht scheitern müssen.

Teilleistungsschwächen – beheben oder kompensieren?

Früher hat man in der Legasthenie-Therapie versucht, die damals als "Funktionsschwächen" bezeichneten Teilleistungsschwächen durch bestimmte Übungen zu bessern oder zu beheben. Inzwischen neigen Legasthenie-Fachleute dazu, diese Übungen eher in spielerischer Form zur Auflockerung und zunächst im Bereich der Stärken des Kindes einzusetzen. Man nimmt an, daß es besser sei, dem Kind dadurch Erfolgserfahrungen zu ermöglichen, als es im Training mit seinen Schwächen zu plagen.

Nachdem das legasthenische Kind lesen gelernt hat, scheint ihm ein möglichst breites Angebot an "Eselsbrücken" und anderen Merkhilfen eher zur Aneignung der Rechtschreibung zu verhelfen, als Funktionsübungen, die ja nicht auf Lesen und Schreiben bezogen sind.

Beobachtungen an erwachsenen Legasthenikern lassen nämlich vermuten, daß die Schwächen im Schulalter nicht mehr voll ausgeglichen werden können. Die Kinder haben über 6 und 7 Lebensjahre im Alltag mit ihren Teilleistungsschwächen gelebt und gelernt, damit zurechtzukommen. Ebenso werden sie allmählich lernen, so nimmt man an, auch im Leselernprozeß und beim Aufbau der Rechtschreibung zu kompensieren.

Ein jugendlicher Legastheniker wurde gefragt, ob er denn nun höre, ob "Durst" mit "o" oder "u" geschrieben werde. Er antwortete erstaunt: "Nein, hören kann ich das nicht. Jetzt weiß ich es!" Auch

Reihenfolgefehler kommen bei erwachsenen Legasthenikern beim Lesen, seltener beim Schreiben immer wieder einmal vor. So schrieb ein 30jähriger Doktorand in einem Brief, der sonst kaum Rechtschreibfehler enthielt, das Wort "zwei" als "zeiw".

Vorsorgeuntersuchungen nutzen!

Im Vorschulalter haben andererseits Übungen zur Verminderung der Teilleistungsschwächen noch gute Aussicht auf Erfolg. Mütter sollten daher die Vorsorgeuntersuchungen unbedingt wahrnehmen und ihr Kind im Zweifelsfall einer Kinderklinik zur entwicklungsneurologischen Untersuchung vorstellen. Insbesondere bei Verzögerungen in der Sprachentwicklung (Stammelfehler) und in der motorischen Entwicklung (z. B. Ungeschicklichkeit bei der Zusammenarbeit von Auge und Hand) gibt es durch Übungen im Vorschulalter noch gute Hilfen. Kinderärzte können solche Übungsbehandlungen verordnen.

IV. Hilfe zur Selbsthilfe

Von Presseleuten und in Verhandlungen mit Kultusministerien werden regemäßig zwei Fragen gestellt: "Wieviele Legastheniker gibt es?" und "Kann Legasthenie geheilt werden?"

Die erste Frage läßt sich mit neuen Untersuchungsergebnissen (aus Marburg und Wien) beantworten: Etwa 4–7% legasthenischer Kinder werden in Grundschulen gefunden. Die Zahl läßt sich nicht genau bestimmen, weil bei positiver Einstellung der Schule zum Kind, wenn man schon im Vorschulalter speziell fördert und im Erstleseunterricht rechtzeitig richtig hilft, leichtere Fälle später nicht mehr auffallen. Unter ungünstigen schulischen Bedingungen können die 7% sogar überschritten werden.

Umso wichtiger erscheint es uns, Eltern Hilfen an die Hand zu geben, damit sie ungünstige schulische Bedingungen ausgleichen können.

Keine Angst vor dem Begriff "Behinderung"

Zur Beantwortung der zweiten Frage ist es nötig, den Unterschied zwischen einer Erkrankung und einer Behinderung richtig zu verstehen. Es gibt viele Krankheiten, die zur völligen Heilung führen. Andere Krankheiten, wie z. B. die Kinderlähmung, können zu einer bleibenden Behinderung führen. Andere Behinderungen bestehen praktisch von der Geburt an, auch, wenn sie zunächst unsichtbar bleiben, wie z. B.die Rot-Grünblindheit oder Kurzsichtigkeit.

Die Legasthenie ist, wie Kurzsichtigkeit oder Schwerhörigkeit, als minimale und unsichtbare Behinderung aufzufassen. Manche Eltern erschrecken vor diesem Begriff, weil sie damit nur Körperbehinderungen oder geistige Behinderung verbinden. In Wirklichkeit benutzt man diese Bezeichnung aber auch für ganz geringfügige Schwächen, die im Kind liegen und nicht etwa durch Erziehungsfehler der Eltern entstanden sind.

Solche Behinderungen bleiben bis in das Erwachsenenalter erhalten, weil sie an den Organismus gebunden sind. Ihre Auswirkungen aber können gemildert werden, manchmal bis zur Unauffälligkeit im Jugend- und Erwachsenenalter. Dieser Grad der Besserung aber wird eher durch frühe Diagnose und Förderung erreicht, selten jedoch, wenn man die Behinderung erst spät erkennt.

Frühe Hilfe führt zu deutlichsten Erfolgen

Bei jeder Art von Behinderung sind die Chancen zur Besserung umso größer, je früher mit einer angemessenen Förderung begonnen wird. Vielleicht werden eines Tages schwere Ausprägungsgrade von Legasthenie in den Schulen nur noch selten vorkommen, sofern nämlich bereits innerhalb des ersten Schuljahres eine intensive und auf die individuellen Schwächen abgestimmte Förderung einsetzt. Bis dahin aber scheint der Weg noch sehr weit zu sein.

Daher können wir vorerst nur von Schritten zur Überwindung der Schwächen sprechen, die Lehrer (hiermit sind in diesem Buch stets weibliche und männliche Lehrkräfte gemeint), Eltern und Kind als gleichberechtigte Partner miteinander gehen müssen. Neben den schulischen Hilfen wird für lange Zeit noch die Selbsthilfe von Eltern und außerschulischen Helfern notwendig sein.

1. Früherfassung in der Schule

In nahezu allen Richtlinien der Bundesländer für die Arbeit in Grundschulen, insbesondere für den Anfangsunterricht, findet sich die Anweisung, besondere Aufmerksamkeit auf die Lernvoraussetzungen der Kinder zu richten, sie in ihrem Lernverhalten zu beobachten und auf schwächere Lernvoraussetzungen mit entsprechenden Hilfen einzugehen.

Das klingt sehr schön, bleibt aber leeres Wortgeklingel, solange Lehrer in ihrer Ausbildung über die Leselernvoraussetzungen der Kinder wenig oder nichts erfahren und, solange sie den Leselernprozeß des einzelnen Kindes nicht durch eine begleitende Diagnostik mehrfach überprüfen.

Sicher gibt es Lehrer, die ihre Erstkläßler nicht nur geübte Texte vorlesen lassen, sondern ihnen auch unbekannte Sätze zum Erlesen vorlegen. Wenn dies in der Einzelsituation geschieht, d. h. auch, ohne daß andere Kinder zuhören können, werden diese Lehrer das Ausmaß und die Art des Versagens bei einzelnen Kindern zuverlässig feststellen können.

Es gibt aber legasthenische Schüler, die im Klassenunterricht nicht auffallen, weil sie durchweg "gute Schüler" zu sein scheinen.

Diese Kinder wird man in der Regel nicht einzeln überprüfen. Daher sollten die Schulen schon um die Mitte des ersten Schuljahrs und noch einmal am Ende der ersten Klasse sogenannte Grobsiebverfahren einsetzen, um von allen Kindern den Leistungsstand zu erheben. Dann werden die Lehrkräfte unter Umständen schon zu diesem frühen Zeitpunkt auf drei Gruppen von Kindern mit Leselernproblemen stoßen: auf Leseschwache, die auch sonst Schwächen zeigen (langsame Lerner oder Minderbegabte), auf andere, deren Unvermögen hauptsächlich durch Übungsmangel verursacht erscheint und auf die "Diskrepanzgruppe", nämlich "gute Schüler" mit "unerklärlichem" Versagen im Leselernprozeß. Lehrkräfte sollten allerdings darin geschult sein, zwischen Anzeichen für Minderbegabung, für Übungsmangel und für ausgeprägte Lese*lernbehinderungen* zu unterscheiden.

Dies wird ihnen kaum möglich sein, wenn sie gelernt haben "Legasthenie gibt es nicht". Für unsichtbare Behinderungen wie die Legasthenie gilt in besonderem Maße, daß man lernen muß, Anzeichen zu erkennen und richtig zu deuten. Daher sollte der Sachverhalt möglichst schon in der Lehrerausbildung anschaulich vor Augen gestellt werden.

Die "Diagnostische Bilderliste"

Um Lehrern unabhängig von ihrer Ausbildung und vom Leselehrgang, nach dem sie unterrichten, ein Instrument der frühen Förderdiagnose an die Hand zu geben, wurden im Psychologischen Seminar der Pädagogischen Hochschule Kiel zwei "Diagnostische Bilderlisten" (DBL) entwickelt (Dummer-Smoch 1993). Die Frühform (DBL-F) wird unmittelbar nach der ersten Hälfte des ersten Schuljahres eingesetzt. Sie prüft mit 14 Wörtern, die lautgetreues Schreiben erfordern, ob ein Kind die Lautfolge des gesprochenen Wortes in die entsprechende Buchstabenfolge umsetzen kann. Wer z. B. "Raupe" schreiben kann, wird in der Regel auch in der Lage sein, dieses Wort zu erlesen.

So stellen die Diagnostischen Bilderlisten nur Grobsiebverfahren dar. Führt man sie mit der ganzen Klasse durch, wird man auch auf Kinder stoßen, deren Schwierigkeiten im Unterricht vorher noch nicht aufgefallen sind. Bei allen Kindern mit schwachen Leistungen in der DBL können dann weitere, genauere Überprüfungen vorgenommen werden, um den jeweils erforderlichen Förderansatz zu finden.

Am Ende des 1. Schuljahres überprüft man mit einer Bilderliste von 24 Wörtern. Kinder mit erheblichen Leselernproblemen fallen bei dieser Untersuchung erneut auf. Ungeachtet der besonderen Schwächen im Einzelfall, die in weiteren Untersuchungen erfaßt werden müßten, wissen Lehrer dann, daß diese auffälligen Schüler einen Neuanfang im Lesen brauchen.

In nahezu allen Bundesländern treten alle Kinder aus der ersten in die zweite Klasse über. Bis zur Mitte der zweiten Klasse entscheidet sich dann, ob ein leseschwaches Kind den Leselehrgang noch einmal wiederholen muß. In diesem Fall soll es – so die Regelungen – in die neue erste Klasse zurücktreten.

Wenn ein Neuanfang im Lesen durch spezielle Förderung in der ersten Hälfte der zweiten Klasse erfolgreich verläuft, brauchen diese Kinder in der Regel die erste Klasse nicht zu wiederholen. Andererseits würde die Wiederholung der ersten Klasse allein, d. h. ohne eine solche spezielle, auf die Schwächen des Kindes ausgerichtete Förderung, in vielen Fällen nicht zum Leselernerfolg führen. Das ist durch vielfache Erfahrungen belegt.

2. Die Bedeutung einer frühen, vollständigen Diagnose

Die eigentliche Diagnose der Legasthenie geht über die Feststellung des Leselernversagens mit der DBL hinaus. Von einer vollständigen Diagnose erwartet man vor allem Aufklärung über Stärken und Schwächen des Kindes und für einen individuellen Förderansatz.

Im Bereich der Schwächen werden Eltern und Lehrer ihre Erwartungen an die Leistungen des Kindes vermindern. Das kann sehr zur Entspannung der Gefühlslage zwischen allen Beteiligten beitragen. Das Kind fühlt sich verstanden und von früheren Vorwürfen ("du übst nicht genug!") befreit. In der Förderung werden Lehrer sich vor allem an den Stärken orientieren und dadurch Erfolge vermitteln, dem Kind aber auch helfen, eigene Wege zur Kompensation seiner Schwächen zu finden.

Ermutigung des Kindes

Eine mindestens ebenso wichtige Funktion aber für Selbstwertgefühl und Ermutigung des legasthenischen Kindes hat die vollständige Diagnose, einschließlich der Intelligenzuntersuchung. Man kann ihm auf kindgemäße Weise erklären, daß seine Schwierigkeiten nur in einem bestimmten, umgrenzten Bereich liegen und nichts mit Dummheit zu tun haben.

Wir erleben häufig, welche befreiende Wirkung diese Information haben kann! Die Überzeugung "Ich bin nicht dumm" ermöglicht dem Legastheniker, sich mit seinem besonderen Problem konstruktiv auseinanderzusetzen und sich selbst anzunehmen – mit seinen Stärken und Schwächen!

Nicht zuletzt hat die Diagnose ganz wesentliche Bedeutung für die angemessene Einschätzung der allgemeinen Lernmöglichkeiten des Legasthenikers durch Eltern und Lehrer, aber auch für seine Selbsteinschätzung. Zwar wird man heute Leselernschwierigkeiten nicht mehr ohne weiteres mit schwacher Begabung gleichsetzen. Aber ein mutlos gewordenes Kind, das sich selbst nichts mehr zutraut, kann "dumm" erscheinen. Daher darf auf eine Intelligenzuntersuchung nicht verzichtet werden.

Aussagekraft haben erst mehrere Intelligenztests

Wegen der Schwächen des Kindes aber, die in die Gesamtleistung eines solchen Tests eingehen können, reicht die Durchführung eines einzigen Intelligenztests nicht aus. Da die Tests unterschiedliche Bereiche der Intelligenz messen, könnte der eine Test im Einzelfall überwiegend die Schwächen erfassen, auf denen die Legasthenie beruht. Erst aus mehreren Tests ergibt sich ein ausgewogenes Bild von den Stärken und Schwächen der intellektuellen Leistungsfähigkeit.

Um andererseits mehr über die speziellen, individuellen Teilleistungsschwächen des Kindes zu erfahren, sind zusätzlich zu den Intelligenztests Verfahren einzusetzen, die Wahrnehmungsleistungen und vor allem das Zusammenspiel von Wahrnehmungen, Motorik/Feinmotorik und Sprache prüfen.

Eine solche umfassende Diagnose ist in der Regel Sache eines Diplompsychologen, Schulpsychologen oder Kinderpsychiaters. Grundschul- oder Deutschlehrer sind für solche Verfahren, insbesondere für die Intelligenztests, nicht ausgebildet. Beratungslehrer (in Baden-Württemberg) und Schuljugendberater (in Bayern), sowie eine Reihe von Sonderschullehrern stellen in dieser Hinsicht Ausnahmen dar.

Diagnostische Möglichkeiten der Schule: die Grobdiagnose

Die testdiagnostischen Möglichkeiten der Schulen sind begrenzt. Man kann hier nur Grobdiagnosen erwarten, zumal *Schul*intelligenztests die intellektuellen Lernvoraussetzungen der Kinder nur ausschnittsweise und nicht ausreichend sicher erfassen.

Dennoch sollten die Möglichkeiten der Grobdiagnose genutzt werden, vor allem in der sogenannten Förderdiagnostik. Dazu dienen vor allem Lese- und Rechtschreibtests. Zusätzlich zur Bestimmung der Gesamtleistung müssen dann Fehleranalysen durchgeführt werden, die aufzeigen können, wo das Kind in der Förderung "abgeholt" werden muß. Es hat wenig Sinn, mit Legasthenikern z. B. die Probleme der Dehnung und Dopplung oder der Groß- und Kleinschreibung zu bearbeiten, solange sie lauttreue Wörter wie "Hose" oder "Regen" noch unvollständig schreiben.

Ebenso, wie am Ende der ersten Klasse die Diagnostische Bilderliste einzusetzen ist, sollten auch am Ende der zweiten, dritten und vierten Klasse mit allen Kindern Rechtschreibtests durchgeführt werden. Wenn entsprechend geschulte Lehrer zur Verfügung stehen, können in die Grobdiagnose auch Schulintelligenztests einbezogen werden. Mit beiden Testergebnissen sind dann schon früh Schüler zu erkennen, deren Intelligenztestwerte deutlich über den Rechtschreibleistungen liegen.

Diese "Diskrepanzgruppe", die wir meinen, wenn wir von Legasthenie sprechen, wird durch solche Grobdiagnosen zwar nicht vollständig erfaßt, doch ist es besser, wenigstens einen Teil als gar kein Kind dieser Gruppe früh zu erkennen. Wenn Eltern bei ihren Kindern Probleme beobachten, die von der Schule in der Grobdiagnose nicht erfaßt werden, sollten sie stets eine vollständige Diagnose bei einem Kinderpsychologen oder Kinderneurologen suchen.

Exkurs: Intelligenzdiagnose mit dem Culture Fair Intelligence Test CFT 20

In Schleswig-Holstein führen Grundschullehrer nach einer Kurzausbildung einen Intelligenztest in 4. Klassen durch, der zwar nicht Lesen und Schreiben voraussetzt, aber hohe Anforderungen an die visuelle Detailerfassung stellt, den CFT 20. Nach der Intelligenztheorie, die diesem Test zugrundeliegt, wird die Testleistung bestimmt "durch das Ausmaß der kortikalen neurologischen Entwicklung des Individuums" (Weiß, Testhandbuch zum CFT 20, S. 31). Das bedeutet, daß Störungen im neurophysiologischen Bereich die Testleistung herabsetzen. Dies ist belegt für Personen mit Hirnverletzungen. Es kann z. Z. nur vermutet werden, daß auch feinneurologische Beeinträchtigungen bzw.

bestimmte Teilleistungsschwächen, das Testergebnis drücken. Anders ist kaum zu erklären, daß manche legasthenische Kinder mit insgesamt befriedigenden Schulnoten in diesem Test Intelligenzquotienten nahe dem Bereich der allgemeinen Lernbehinderung erreichen.

Nach meinen Erfahrungen ist die Intelligenzuntersuchung mit dem CFT als Grobdiagnose brauchbar. Viele legasthenische Kinder erzielen einen angemessenen IQ, sofern sie nämlich keine gravierende Teilleistungsschwäche beim Erkennen visueller Details haben und sofern ihr Arbeits- und Verarbeitungstempo nicht deutlich verlangsamt ist. Zu niedrige Werte, im Vergleich mit den Schulleistungen bzw. mit anderen Intelligenztests, kommen vorwiegend in drei Fällen vor:

Wenn ein Kind genau die Teilleistungsschwächen hat, die das Erkennen und Beachten visueller Details erheblich erschweren, dann mißt dieser Test diese Teilleistungsschwächen und nicht die Denkleistungen des Kindes. Als Faustregel sollte man sich merken: Schulleistungen mit befriedigenden und guten Noten widersprechen einem Intelligenztestergebnis unter IQ 100!

Der zweite Fall betrifft vor allem Kinder, die im Rahmen ihrer Teilleistungsschwächen ein deutlich verlangsamtes Arbeitstempo zeigen. Häufig ist dies bei einer Vorgeschichte von schweren Geburtsrisiken der Fall, die zu einer verzögerten neurobiologischen Entwicklung geführt haben. Diese Kinder leiden eher unter äußeren Störungen als andere und sie schaffen es nicht, die Testaufgaben in der vorgegebenen Zeit zu lösen. Aus diesem Grund bleibt der IQ unter dem Niveau ihrer intellektuellen Leistungsfähigkeit. Läßt man sie ohne Zeitbegrenzung in einem ruhigen Raum arbeiten, kann das Ergebnis schon wesentlich besser ausfallen. Mehr Aufschluß aber gibt die Nachtestung mit einem anderen Verfahren.

Der dritte Fall ist dann gegeben, wenn ein Kind im ersten Testteil des CFT einen sehr niedrigen Wert erreicht – in der Regel durch hohe Prüfungsängstlichkeit verursacht – und im zweiten einen sehr hohen. Beispielsweise erzielte ein Mädchen, das ohne Wiederholung eines Schuljahrs bis in die 4. Klasse gelangt war, mit einer eindeutigen Vorgeschichte von Lese-Rechtschreibschwäche, im ersten Testteil einen IQ von 89. Dieser Wert ist zwar noch durchschnittlich. Er liegt aber sehr weit unter dem Ergebnis des zweiten Testteils, nämlich einem IQ von 120! Nach den Anweisungen im Handbuch des CFT 20 ist in einem solchen Fall der zweite Punktwert ausschlaggebend für die Bestimmung des

IQ (Weiß, CFT-Handbuch, S. 34). Da die unzureichend ausgebildete Testlehrerin dies offenbar nicht wußte, scheiterte die Anerkennung der Legasthenie an dem aus beiden Testteilen gebildeten Gesamt-IQ von "nur" 105!

Für Eltern und testende Lehrkräfte bleibt festzuhalten: Zu niedrige IQ-Werte ergeben sich

- bei Kindern mit schweren Geburtsrisiken, deren Verarbeitungstempo in der Regel verlangsamt ist,
- bei Kindern mit Teilleistungsschwächen der visuellen Detailerfassung, die auch bei der Nachuntersuchung mit anderen Tests nachweisbar ist, und
- bei Kindern, die mit erhöhter psychischer Spannung auf Prüfungssituationen reagieren.

Alle drei Ursachen können als neuropsychologische Faktoren gelten, die die Testleistung beeinträchtigen.

3. Unser wichtigster Helfer: das Kind!

Weder die Eltern, noch die Lehrer, noch die Diagnostiker können wissen, wie ein legasthenisches Kind lernt, auf welche Weise es seine Schwächen kompensieren kann, wann es eine Pause braucht. Eltern, Lehrer und Diagnostiker aber können und müssen das Kind zur Zusammenarbeit gewinnen: Nur dann kann es ihnen sagen, was ihm schwerfällt, wie es versucht, sich selbst zu helfen und wo es ratlos ist. Dies alles aber ist nur in einer Atmosphäre der Gleichberechtigung, des verstehenden und angstfreien Umgangs miteinander möglich.

Es kostet wenig Mühe, zu erkennen, wie hart diese Kinder arbeiten, solange sie noch nicht den Mut verloren haben. Und es ist nicht schwer, ihnen den Mut zu erhalten, wenn man ihnen vermittelt, daß sie ernst genommen werden und man ihre Anstrengung erkennt und anerkennt. Nur ein selbstbewußtes, ermutigtes Kind gewinnt die Kraft, eigene Lösungen zu suchen und Wege zu finden, seine Schwächen zu kompensieren.

Voraussetzung dafür ist allerdings die Diagnose und ein offenes Gespräch darüber mit ihm selbst. "Wir wissen jetzt ganz sicher, daß Du nicht dumm bist", dieser Satz öffnet dem Kind häufig wie ein Schlüssel einen neuen Weg zum Lernen: ohne Selbstzweifel, ohne Selbstvorwürfe, ohne Ängste. Es kann sich nun erlauben, über seine

Schwierigkeiten zu sprechen, über seine Versuche, sich selbst zu helfen.

Warum gerade ich?

Immer stellt sich dann die Frage "Warum ist das so mit mir?". Daher sollte noch vor der eigentlichen Förderung im Lesen und Schreiben die Auseinandersetzung des Kindes mit seinem Anderssein stehen. Hier müssen die Eltern Hilfestellung leisten. Und für viele Eltern stellt es eine wirkliche Leistung dar, selbst eine so minimale Behinderung wie die Legasthenie zu akzeptieren.

Man kann zu dem Kind davon sprechen, daß viele Menschen behindert sind, ohne daß man etwas davon sieht: Der Zuckerkranke, der Herzkranke, der Schwerhörige. Sie leiden unter körperlichen Beeinträchtigungen, die ihnen Grenzen setzen und ihr Leben bestimmen. Auch der Kurz- oder Weitsichtige ist behindert. Nur läßt sich eine solche Behinderung durch eine Brille ausgleichen.

Jeder Mensch muß in seinem Leben früher oder später mit einer Behinderung leben, z. B. nach einem Beinbruch oder im Alter. Und derjenige kommt am besten zurecht, der seine Behinderung als Herausforderung betrachtet. Kinder sind durchaus aufgeschlossen für die Vorstellung, wie ein Olympia-Sportler zu trainieren, um zu sehen "wie weit ich trotz meiner Legasthenie komme".

Auf Stärken der Begabung hinweisen

Andererseits kann man auch schon junge Kinder darauf hinweisen, daß eine Legasthenie im allgemeinen auch mit besonderen Begabungen verbunden ist: Michael Holzach hat Bücher geschrieben. Eine ganze Reihe von Nobelpreisträgern und mancher Professor war Legastheniker. Edison z. B., der große Erfinder, gehört auch in diesen Kreis.

Es wird meist gelingen, mit dem Kind gemeinsam herauszufinden, was es besonders gut kann. Kinder mit minimalen cerebralen Dysfunktionen (eine Entwicklungsverzögerung verschiedener Wahrnehmungsbereiche, meist infolge von Geburtsrisiken) haben es manchmal schwerer, ihre Stärken zu erkennen, als Kinder, die "nur" eine Legasthenie haben, und die sich oft schon im Vor- und Einschulungsalter als Bastler, kleine Baumeister und "Erfinder" hervortun.

4. Selbsthilfe durch Eltern

Der Bundesverband Legasthenie – ein Eltern-Selbsthilfe-Verband – hat sich in erster Linie zur Aufgabe gestellt, Eltern zu informieren, ihnen Mut zu machen und ihnen zu zeigen, wie sie mit ihren Kindern üben können. Diesen Zielen dienen nicht nur die schriftlichen Informationen, die der Bundesverband herausgibt, sondern vor allem auch Elterngesprächskreise, die an vielen Orten entstanden sind. Oftmals kommen Mütter in diese Gesprächskreise, die zunächst einmal ihr Herz ausschütten und sich aussprechen möchten. Oder sie suchen Rat für den Umgang mit der Schule. Vor allem in den Bundesländern, die in ihren Erlassen nur auf die Förderung während der Grundschulzeit abzielen und daher für die Probleme legasthenischer Kinder in weiterführenden Schulen keine Regelungen haben, ist es für Eltern oft besonders schwer, das Gespräch mit der Schule zu suchen und aufrecht zu erhalten.

Fördern – aber richtig!

Hier soll nicht die Auffassung unterstützt werden, Eltern, vor allem Mütter, müßten als "Hilfslehrer der Nation" tätig werden. Grundsätzlich ist die Schule gefordert, und nicht die Mütter.

Angesichts der unzulänglichen Ausrüstung der Schulen, den Problemen legasthenischer Kinder angemessen und sachgerecht zu begegnen, erscheint es dennoch notwendig, den Eltern Hilfestellung zu geben, damit sie nicht falsch und erfolglos üben und gemeinsam mit dem Kind verzweifeln. Außerdem soll ihnen für eine Reihe von Grundsätzen gewissermaßen der Rücken gestärkt werden:

- Diktatüben hilft dem Kind nicht!
- Einfaches Abschreiben hilft ihm auch nicht!
- Übungen, die mehr als eine Viertelstunde in Anspruch nehmen, bringen keinen Erfolg!
- Nur Erfolge beim Üben erhalten Konzentrationsfähigkeit und Übungsbereitschaft
- Im Spiel bleibt die Spannkraft länger erhalten!
- Das Kind darf keinen Arbeitstag haben, der den Acht-Stundentag von Erwachsenen übersteigt!

Zusätzliche Übungen neben den Hausaufgaben dürfen 15 Minuten täglich nicht überschreiten. Die Spannkraft des Kindes läßt nach

15–20 Minuten intensiven Übens so sehr nach, daß es nichts mehr aufnehmen kann und dadurch unkonzentriert erscheint. Allzuleicht wird es dann getadelt, obwohl es vorher sein Bestes gegeben hat. Das empfindet es verständlicherweise als ungerecht, und schon hat man eine gefühlsmäßige Abneigung gegen das Üben aufgebaut! Hausaufgaben stellen in diesem Zusammenhang ein besonderes Kapitel dar, auf das wir noch zurückkommen.

Schwerpunkte der außerschulischen oder häuslichen Förderung

Grundsätzlich müssen drei Förderzeiträume unterschieden werden:

1. Die ersten beiden Schuljahre mit dem Schwerpunkt: Lesenlernen,
2. Die Klassenstufen 2 u. 3 mit dem Schwerpunkt: Rechtschreibung,
3. Klasse 5 bis Ende der Schulzeit mit dem Schwerpunkt: Individuelle Lernwege und Arbeitsweisen für Hausaufgaben und Klassenarbeiten finden.

Anfangs muß natürlich alles getan werden, damit das Kind *spätestens im zweiten Schulbesuchsjahr* lesen lernt. Man wird die Leseübungen zwar mit Schreibübungen verbinden, aber auf orthographisch richtiges Schreiben noch kein Gewicht legen. Lautgetreue Schreibungen gelten als erstes Ziel der Rechtschreibförderung, weil die Zuordnung jedes Lautes im gesprochenen Wort zu dem entsprechenden Buchstaben und der umgekehrte Vorgang gesichert werden müssen, bevor man sich der sogenannten "Andersschreibung" in der Rechtschreibübung zuwenden kann.

Sobald ein legasthenisches Kind einigermaßen sicher lesen kann, ist es möglich, sich der Rechtschreibung schwerpunktmäßig zuzuwenden. Wie dies geschehen kann, ist nachfolgend ausführlich beschrieben. Unser Ziel sollte sein, bis zum Ende der Grundschulzeit soviel Sicherheit in der Rechtschreibung zu schaffen, wie nur möglich.

In weiterführenden Schulen steigen dann nicht nur die Anforderungen in der deutschen Rechtschreibung. Durch die Fremdsprachen und den Fachunterricht kommen auf das legasthenische Kind weitere Belastungen zu. Es muß mehr Arbeitszeit für Hausaufgaben aufwenden und mehr zusätzliche Übungszeit, vor allem in den Fremdsprachen. Dazu braucht es Techniken, um bei Klassenarbeiten ökonomisch zu arbeiten, z. B. indem es sich in Textaufgaben die für das Verständnis wichtigen Angaben mit Farbe markiert.

Das Kind braucht auch noch Freizeit und vor allem Zeit für ein Hobby. Das Thema "Schule" muß einmal wirklich "abgehakt" werden. Es darf nicht den ganzen Tag bestimmen. Daher muß man ökonomisch vorgehen. Das bedeutet, daß mit dem Kind gemeinsam herausgefunden werden soll, wie es sich in den einzelnen Fächern am besten neues Wissen erarbeiten und einprägen kann. Die Übung der Rechtschreibung wird zugunsten solcher Lernstrategien zunehmend zurücktreten müssen.

Im folgenden werden einige konkrete Hilfen für das Kind ausführlicher dargestellt.

a) Lesenlernen oder die "kleinen grünen Marsmännchen" (Leseanfänger)

Wenn ein Kind noch nicht lesen kann, und es in der Schule keine angemessene Hilfe findet, sollten Vater und Mutter auf die hier beschriebenen Spiele zurückgreifen. "Wir üben nicht – wir spielen" heißt das Motto, das die Kinder zwar bald durchschauen, für das sie aber dennoch dankbar sind, weil sie selber spüren, wie sehr der Spaß beim Spiel ihnen das Lernen erleichtert.

Im anfänglichen Leselernprozeß legasthenischer Kinder beobachten wir häufig eine große Schwierigkeit: Aus den Lauten für **m** und **a** kann die Silbe **ma** nicht gebildet werden! Manche Kinder behalten bis in die zweite Klasse hinein das mühsame und zeitaufwendige Erlesen über den Einzelbuchstaben bei **m** – **a** – **l** – **e** – **n** : malen! Noch schlimmer ist es, wenn nicht lautiert, sondern buchstabiert wird. Wir haben erlebt, wie ein Kind das Wort "Tomate" so las: **Te-o-em-a-te**. Natürlich konnte es mit diesem "Wort" keinen Sinn verbinden!

Hier Abhilfe zu schaffen, gehört zu den vordringlichsten Hilfen. Aus diesem Grunde soll hier ausführlich auf Silbenspiele und auf die Notwendigkeit, stets zu lautieren, eingegangen werden. Damit die Übungen im Spiel mit Sinn gefüllt sind, haben wir z. B. eine Geschichte von den kleinen grünen Marsmännchen erfunden. Und die geht so:

Die Marsmännchen kommen!

Mit einem Raumschiff kommen grüne Marsmännchen zur Erde gereist. Sie haben sich vorher bei einem Hotel angemeldet, damit sie auf der Erde auch Unterkunft finden. Der Hotelbesitzer erhielt vorher folgende Informationen: Auf dem Mars ist es üblich, daß jede Familie im Hotel ein eigenes Stockwerk bezieht. Die Familien haben andere und viel kürzere Namen als bei uns auf der Erde. Man erkennt die Familien, am gleichen Anfangsbuchstaben. So gehören die Männchen **MA** , **ME** , **MI** , **MO** , **MU** , **MAU** und **MEI** zur gleichen Familie.

Da nun mit dem ersten Raumschiff drei Familien kommen, die entweder den Anfangsbuchstaben **M** oder **R** oder **S** haben, muß der Hotelbesitzer drei Stockwerke freimachen mit je sieben Zimmern. Das malen wir uns auf: Auf einer Pappe im Format Din A 4 entsteht ein länglicher Kasten mit drei Reihen (Stockwerken) kleiner Kästchen, die die Zimmer darstellen. Über die Spalten schreiben wir die Vokale **A,E,I,O,U** , vielleicht auch **AU** und **EI**. Vor die Zeilen schreiben wir die ersten drei Konsonanten: **M, R, S**. Das ganze kann noch mit einem Dach versehen werden. Das ist unser "Hotel".

	A	E	I	O	U	AU	EI
M	...	...	...	...	...	...	...
R	...	...	...	...	...	...	...
S	...	...	...	...	...	...	...

Die Namen der Marsmännchen (Silben) schreibt man auf kleine Pappkärtchen, die etwa die Größe der "Zimmer" haben. Das Kind spielt den Hotelbesitzer und die Mutter (in der Schule auch ein anderes Kind oder mehrere Kinder) sagt an, welches Marsmännchen in sein Zimmer gehen möchte. Das Kind muß nun das richtige Zimmer suchen (Reihe **M**, Spalte **A** gibt **MA**) und die Silbe mit Lautgebärden laut vorlesen. Über die Lautgebärden wird gleich noch etwas gesagt. Dann legt es die Silbenkarte auf das "Zimmer".

In der Klasse könnte man diese Tabelle auf Plakatkarton zeichnen und an die Tafel heften. Für die Namen der einzelnen Marsmännchen braucht man dann entsprechend große Pappen. Jedesmal, wenn ein Marsmännchen ein Zimmer bezieht, heftet man die entsprechende kleine Pappe mit einem Tesa-Krepp an die Stelle der Pappe, die das Hotelzimmer markiert. Zum Schluß sieht das so aus:

	A	E	I	O	U	AU	EI
M	MA	ME	MI	MO	MU	MAU	MEI
R	RA	RE	RI	RO	RU	RAU	REI
S	SA	SE	SI	SO	SU	SAU	SEI

Man kann nun ausprobieren, wie schnell man eine Reihe mit Lautgebärden vorlesen kann. Der Erwachsene sollte sich dabei besonders ungeschickt und langsam stellen, damit das Kind besser ist als er. Später spielt man so, daß der "Hotelbesitzer" die Namen der Männchen in den "Plan von den Zimmern" schreibt. Aus der Leseaufgabe ist dann eine Schreibaufgabe geworden.

Die Marsmännchen heiraten

Man zeichnet – wiederum auf eine Plakatpappe – einen Spielplatz mit Sandkasten, Kletternetz, Wippe, Rutsche und Planschbecken und spart in jedem Spielgerät ein oder zwei quadratische Flächen aus, entsprechend der Größe der Silbenkärtchen (Hackethal 1990).

Nun kommen einige Marsmännchen aus dem Hotel und verteilen sich auf dem Spielplatz. Das Kind erzählt dann – und zeigt die Namen zugleich mit den Lautgebärden – welches Marsmännchen an welcher Stelle spielt. Als Erwachsener kann man "mitspielen" und die Männchen die Plätze einmal tauschen lassen, so daß zwei Silben nebeneinander stehen, die ein Wort ergeben. Das Kind wird die Wörter bald entdecken.

Die beiden Marsmännchen, deren Namen man zu einem Wort zusammenziehen kann, passen gut zueinander. Sie dürfen "zum Standesamt gehen" und "heiraten". Sie bekommen nun gemeinsam einen "Paß", d. h. man tauscht die beiden Kärtchen z. B. für **NA** und **SE** gegen eine längliche Karte ein, auf der **NA SE** steht. Weil ihnen das Hotel nun zu teuer ist, wohnen die Paare fortan in Campingwagen auf dem Campingplatz. (Denken Sie sich eine schönere Geschichte aus, wenn Ihnen diese nicht gefällt!).

Jedenfalls hat man am Ende dieses Spiels einen "Camping-Platz" voller Wörter (in Erwachsenensprache gesprochen) und man kann wieder ausprobieren, wie schnell man mit Lautgebärden die Wörter herunterlesen kann. Auch hier ergibt die Wiederholung des Lesens am selben Tag oder an verschiedenen Tagen die erwünschten Zeitverbesserungen, die zu Erfolgserfahrungen führen.

Mit der Zeit erweitert man das Hotel und die Marsmännchen-Familien durch die Anfangsbuchstaben **N** , **L** , **F** , später **H** , **W** , **Z** und danach die Konsonanten, die man beim Sprechen nicht mehr dehnen kann: **P** , **T** , **K** , **B** , **D** , **G**. Allerdings sollte ein Hotel nicht mehr als sechs Stockwerke enthalten. Sonst wird das Spiel zu unübersichtlich. Man muß eben die Anfangskonsonanten auswechseln.

Übungen mit Lautgebärden

Für das Kind ist das Spiel das Wichtigste. Für uns als Lehrer, Betreuer (z. B. Vater, Mutter oder sachkundige Dritte) ist natürlich die Übung am wichtigsten. Ein sehr brauchbares Mittel dafür sind die Lautgebärden, die wir als "Geheimsprache" einführen. (Abbildungen und Beschreibungen im Anhang).

Solange nur Silben und danach einfach aufgebaute Wörter wie "Nase" und "Regen" gelesen werden, veranlassen wir das Kind, stets mit Lautgebärden zu lesen. Wir bilden z. B. das Handzeichen für **M** (drei Finger, wegen der drei "Beinchen" beim kleinen **m** auf den Mund legen) und danach das Zeichen für **A** (Zeigefinger und Daumen beider Hände bilden ein Dreieck für den weit offenen Mund beim Sprechen von **A**). Nun kommt es darauf an, daß das **M** so lange gedehnt wird, bis das Zeichen für **A** gezeigt wird und der Laut **M** in das **A** übergeht, also **M** **A**.

Manchen Kindern fällt dieser Übergang besonders schwer. Sie sprechen nach dem **M** das **A** so aus, wie es allein für sich gesprochen wird. Um zum richtigen Silbensprechen zu gelangen, haben sich verschiedene Übungen als hilfreich erwiesen: Man läßt zum Beispiel ein Kärtchen, auf dem **M** geschrieben steht, zu den Kärtchen mit den Vokalen fahren und läßt solange **mmmmmm** lautieren, bis die Karte an eine Vokalkarte anstößt. Durch den Schwung des Aneinanderstoßens kommen manche Kinder leichter zur richtigen Aussprache. Dabei kann man die einzelnen Karten als Eisenbahnwagen beim Rangieren bezeichnen oder die Konsonantkarte als "Fahrstuhl", der auf jeder Station hält. Bei jedem Halt muß man dann den Namen der Station (**M** + Vokal) lesen.

In schweren Fällen kann es hilfreich sein, wenn der Erwachsene gedehnt mitspricht, so daß das Kind sich selbst und zugleich den Erwachsenen hören kann. Einigen Kindern hat es geholfen, wenn man ihnen sagte "sprich nicht laut, sondern bewege nur die Lippen, so als wolltest du **M** sagen".

Wenn man so mit Silben arbeitet, braucht dem Kind gegenüber

meist nicht betont zu werden, daß die Buchstaben im gesprochenen Wort nur lautiert, nicht buchstabiert werden. Es ist aber wichtig, auch die Einzelbuchstaben nur mit ihrem Lautwert zu sprechen. Leider bereitet die Fernsehserie "Sesamstraße" schon im Vorschulalter nur auf das Buchstabieren vor, das gerade Kinder mit Leselernschwächen sehr in die Irre führen kann.

Schatzsuche

Ein anderes Spiel mit Silben heißt "Schatzsuche". Das Kind, in einer Übungsgruppe jedes Kind, hat ein Blatt mit Kästchen wie beim "Hotel" vor sich liegen. Es "versteckt" in drei Kästchen je einen Schatz. Der Spielleiter muß nun raten, in welchem Kästchen sich ein Schatz befindet. Nennt er eine Silbe, deren Kästchen keinen Schatz enthält, schreiben alle Kinder die Silbe in das Kästchen hinein. Stößt er aber auf einen Schatz, muß der Spielleiter sich die Silbe aufschreiben. Wenn er bis zum Ende der Spielzeit, die etwa durch eine Sanduhr oder durch einen Küchenwecker angezeigt werden kann, nicht alle Schätze findet, haben die Kinder gewonnen. Dieses Spiel kann man auch als Partnerübung von nur zwei Kindern spielen lassen.

"Oskar" und Memory

Ohne die "Marsmännchen" geht es dann mit Silben- und Wörterspielen weiter. Allerdings beschränken wir uns auf solche Wörter, die noch aus den einfachen "Marsmännchen"-Silben aufgebaut sind. Lediglich die Endsilben auf **-en** , **-el** , **-er** nehmen wir hinzu.

Die Wörter werden nun silbenweise auf Spielkarten geschrieben (zerschnittene Wörter). Man spielt damit nach den Regeln vom "Schwarzen Peter". Wir benutzen anstelle des "Schwarzen Peter" eine Karte, die wir "Oskar" nennen. Wer "Oskar" zuletzt behält, bekommt einen Klebepunkt auf die Stirn.

Mit den zerschnittenen Wörtern kann man auch "Aufdeck-Memory" spielen: einmal aufgedeckte Karten bleiben offen liegen, damit es leichter fällt, die beiden Silben zu finden, die ein Wort ausmachen.

Im übrigen: Lassen Sie als Lehrer, Mutter, Betreuer Ihrer Phantasie freien Lauf, und ermuntern Sie Ihr Kind auch, neue Spiele und Geschichten zu erfinden. Wir verweilen lange beim Fundament des

Lesens, nämlich der Laut-Buchstabenzuordnung auf der Silben-ebene. Je intensiver auf diesem Niveau "gespielt" wird, umso rascher und sicherer kommt das Kind später voran.

b) Abschreiben – aber anders als sonst (Grundschulzeit)

Viele Kinder mit Leselernschwierigkeiten neigen im Anfangsunter-richt dazu, ihre Fibeltexte auswendigzulernen. Dabei lernen sie natürlich nicht lesen. Ebenso unfruchtbar erweist sich das Ab-schreiben von Texten. Es kommt zwar vor, daß ein legasthenisches Kind auch beim Abschreiben viele Fehler macht, häufiger aber scheint der umgekehrte Fall zu sein: Das Kind kann fast fehlerlos abschreiben, aber ein fehlerfreies Diktat gelingt ihm nicht.

Um das verstehen zu können, muß man sich folgendes vergegen-wärtigen: "Abschreiben" ist durch Abmalen der einzelnen Buch-staben möglich, auch wenn man nicht weiß, für welchen Laut der Buchstabe dasteht. Beim Diktatschreiben muß das Kind das dik-tierte Wort zunächst hören, dann mit Hilfe inneren Sprechens wieder aufbauen, re-konstruieren. Es handelt sich hier um eine aktive innersprachliche Leistung, während die reine Abschreib-übung als visuelle Leistung, ohne Beteiligung der Sprache gelingen kann.

Dennoch gehören Abschreibübungen zu den beliebten Aufga-benstellungen in der Schule oder bei Hausaufgaben. Was ist zu tun?

Nicht abschreiben – aufschreiben

Die Aufgabenstellung für das Kind sollte stets lauten: "Probiere einmal aus, ob du das schon auswenig schreiben kannst!" Voraus-setzung ist, daß das Kind jedes Wort über inneres Mitsprechen aufbaut. Da wir in den ersten Übungsstufen nur Wörter benutzen, die man lautgetreu schreibt, und erst allmählich den Aufbau von Wörtern auch über Ableitungen einführen (Hun**d,** weil es Hunde heißt, **W**älder, weil es Wald heißt), können die Kinder zunächst im Bereich lautgetreuer Schreibungen Sicherheit gewinnen.

Das innere Mitsprechen aktivieren wir, indem wir das Kind ver-anlassen, zunächst die Silbenbögen für das Wort in die Luft zu schreiben und dann auf dem Papier unmittelbar unter die Lineatur zu setzen. Dann wird das Wort silbenweise mit Lautgebärden auf-gebaut und danach erst – wieder silbenweise – niedergeschrieben, während das Kind zugleich mitspricht.

Beim Abschreiben von der Wandtafel in der Schule muß man daran denken, daß ein Kind neben seiner Legasthenie auch noch einen Sehfehler haben kann, der ihm das Abschreiben natürlich erschwert. Auf die Notwendigkeit, legasthenische Kinder einem in diesen Zusammenhängen erfahrenen Augenarzt vorzustellen, wurde bereits hingewiesen.

Übungen mit kleinen Karteikarten

Wenn nur Wörter, kein ganzer Text, abgeschrieben werden sollen, benutzen wir Karteikarten im Format Din A 7. Das Kind sucht aus seiner Wörterkartei etwa 8 bis 12 Wörterkarten heraus und legt sie auf einen Stapel mit der Rückseite der Karteikarten nach oben. Nun nimmt es die erste Karte auf, dreht sie herum, um das Wort zu lesen, liest das Wort laut mit Hilfe von Lautgebärden vor und gliedert es dabei betont in Silben. Die Karte wird dann wieder verdeckt auf den Tisch gelegt. Nachdem das Kind das Wort (wiederum silbenweise und leise mitsprechend) aufgeschrieben hat, darf es die Karte noch einmal aufnehmen und vergleichen. Fehler werden auf diese Weise sofort korrigiert.

Um das Abschreiben von Texten vorzubereiten, kann man auch mehrere Sätze in Sinnschritten auf mehrere Karteikarten verteilen. Wir haben auf diese Weise eine Reihe von Dias beschrieben und sie dann einer Gruppe von Kindern gleichzeitig dargeboten. Das könnte z. B. so aussehen:

Heute morgen – als ich – aus dem Fenster sah, –
lag überall – auf der Straße – und im Garten – Schnee.

Alle diese Übungen dienen letztlich zur Vorbereitung von kleinen Aufsätzen und Diktaten, bei denen dann die zu schreibenden Wörter nicht vorher angesehen und erlesen werden dürfen.

Texte abschreiben

Für das Abschreiben von Texten zu Hause oder in der Fördergruppe benutzen wir Din A 4-Blätter, die wir zur Hälfte falten. Auf die obere Hälfte schreiben oder kleben wir den Text, den das Kind abschreiben soll. Auf die untere Hälfte schreibt es, während der Text nach hinten weggefaltet bleibt. Bevor das Kind schreibt, muß es nun versuchen, sich das betreffende Wort von der andern Seite des gefalteten Bogens einzuprägen. Es soll dazu angehalten werden, das Wort jeweils laut zu erlesen und es während des Schreibens laut und silbenweise mitzusprechen. Auch hier können Lautgebärden sehr hilfreich sein.

Bei diesen Übungen wird der Abstand zwischen dem unmittelbaren Erlesen des Textes und der Niederschrift schon größer. Einprägen, wenn es mit Sprechen und Lautgebärden verbunden wird, ist nicht mehr gleichbedeutend mit dem Einprägen des Wortbildes. Insofern stellen Abschreibübungen dieser Art schon eher ein Diktat dar, das man sich selbst gibt. Inneres Mitsprechen steuert den Aufbau der Wörter. Erst auf späteren Stufen der Übung tritt Rechtschreibwissen hinzu.

Keine Angst vor langen Wörtern!

Zwischen das Abschreiben von Wörtern und von Texten schieben wir eine Übung mit langen Wörtern ein, das "Langewörter-Spiel": Aus einer Reihe von einzelnen Wörtern soll das Kind Zusammensetzungen bilden, z. B. aus:

Garten – Haus – Rosen – Tür – Telefon – Seite – Buch – Kabel – Zaun – Fenster – Scheibe.

Es können nun jeweils zwei, manchmal auch drei Wörter zu einem langen Wort zusammengesetzt werden: Gartentür, Rosengarten, Telefonbuchseite, Gartenzaun, Gartenhausfenster u. a. mehr.

Am Ende des Spiels erhalten zweisilbige Wörter je fünf Punkte, dreisilbige aber 10 und viersilbige gar 20 Punkte! Dadurch, daß das Kind die Silbenbögen unter seine Wörter setzen muß, um sie zählen zu können, trainieren wir das silbenweise Mitsprechen beim Schreiben. So kann sich das Kind, das immer längere Wörter schreibt, im Vergleich zur eigenen früheren Leistung beständig verbessern. Diese Übung bereitet nicht nur auf das richtige Abschreiben von Texten vor, es macht den Kindern auch Mut, selbständig Texte zu verfassen, eine wichtige Voraussetzung für das Aufsatzschreiben!

Das "Fünf-Minuten-Spiel"

Meist beginnen wir damit, daß wir das Kind ermutigen, Wörter aufzuschreiben, die es von den vorausgegangenen Leseübungen schon kennt. Auch hier zählen wir am Ende der Schreibaufgabe die Silben der niedergeschriebenen Wörter. Dann folgt ein Spiel, bei dem die Kinder aufgefordert werden, für fünf Minuten alle Wörter aufzuschreiben, die sie schon schreiben können. Gegen Ende der Zeit sagt man: "Nun dürft Ihr noch ein langes Wort aufschreiben".

Dieses Wort wird also außerhalb der Zeit geschrieben. Wieder zählen wir nicht die Wörter, sondern die Silben.

Erfahrungsgemäß verlieren die Kinder gerade durch dieses Spiel die Angst vor langen Wörtern. Wir haben ihnen später zehn statt fünf Minuten Zeit gegeben, ohne etwas davon zu sagen. Als dann das letzte Wort angesagt wurde, zeigten sie sich erstaunt: "Was, sind die fünf Minuten schon um?"

Für Abschreib- und Aufschreibübungen gilt selbstverständlich – ebenso wie für Diktate – daß in allen Übungen jeweils die richtig geschriebenen Wörter und nicht die Fehler gezählt werden!

---

c) Richtig lesen üben (Grundschulzeit)

Es wurde bereits gesagt, daß mehrfaches Lesen eines Textes die Leseleistung in aller Regel nicht verbessert. Kinder versuchen, sinnentnehmend zu lesen. Bleiben ihnen Wörter in einem unbekannten Text beim ersten Lesen rätselhaft, so beginnen sie, aufgrund des bisher verstandenen Sinngehalts, diese Wörter zu erraten. Sie können dann eine solche Geschichte durchaus richtig wiedererzählen und auch "lesen". Nur bei genauem Vergleich kommt der Erwachsene dahinter, daß mehr erraten als gelesen wurde!

Eine Mutter berichtete, sie habe sich schon gewundert, daß ihre Tochter stets darum bat, sie möge ihr die Geschichte doch zuerst einmal vorlesen. Nachdem die Mutter das getan hatte, konnte das Kind die Leseübung fast ohne Fehler bewältigen! So schnell hatte es auswendig gelernt.

Silbenbögen verhindern Ratelesen!

Bei Leseübungen geht es also zuallererst darum, Ratelesen zu verhindern. Wir geben daher den Kindern im Förderunterricht kurze Geschichten mit der Anweisung, Silbenbögen unter die Wörter zu setzen. Diese Aufgabe ist von den vorausgegangenen Spielen mit Wörtern bekannt und nicht zu schwer.

Um herauszubekommen, wo die eine Silbe aufhört und die andere beginnt, muß das Kind jedes Wort artikulierend, d. h. indem es leise mitspricht, lesen. Da kann es dann nicht vorkommen, daß aus dem Wort "Schublade" wegen des ähnlichen Gesamteindrucks das (bekanntere) Wort "Schokolade" wird! Vor allem lange Wörter verleiten das Kind zum Erraten. Es meint, das Wort schon "erkannt" zu haben und verzichtet auf die Kontrolle der zweiten Worthälfte durch die eigene Artikulation.

Lautes Vorlesen mit Lautgebärden

Nachdem alle Wörter mit Silbenbögen versehen worden sind, darf das Kind dem Erwachsenen laut vorlesen. Dabei sollte man anfangs, wenn das Kind noch langsam liest, die Lautgebärden durchgehend zeigen lassen. Später geben die Kinder die Lautgebärden auf, weil sie schon schneller lesen, als sie die Gebärden zeigen können. Die Aufforderung: "Nimm die Zeichen" sollte dann nur noch bei solchen Wörtern erfolgen, bei denen das Kind ohne diese Hilfe nicht weiterkommt.

Man kann vorher eine Wette abschließen: Das Kind legt sich fest, wieviel Wörter es höchstens falsch lesen wird. Es hat gewonnen, wenn die Fehlerzahl unterhalb dieser Grenze liegt. Dabei ist uns wichtig, daß das Kind seine eigene Leistung realistisch einschätzen lernt, und,

> **daß Fehler ganz selbstverständlich vorkommen dürfen. Wenn man etwas Neues lernt, braucht man sich der Fehler nicht zu schämen. Unser Ziel ist, sie zu verringern, nicht sie zu vermeiden. Schließlich verlesen sich auch die Erwachsenen manchmal.**

d) Nicht Diktate üben – Wörter aufbauen (Klassen 2 bis 6)

Es hat wenig Sinn, legasthenischen Kindern Diktate zu geben, wie sie von der zweiten Klasse an in den Schulen geschrieben werden. Diese Diktate enthalten meist schon alle Rechtschreibprobleme, die in der deutschen Schriftsprache vorkommen. Damit sind Fehler vorprogrammiert. Leider geht es bereits in der zweiten Klasse auch schon um einige Rechtschreibregeln: Die Kinder sollen unterscheiden, welche Wörter groß und welche klein geschrieben werden, in welchen Wörtern die Vokale lang und in welchen sie kurz klingen.

Unterscheidungsleistungen und Hörverarbeitungsschwächen

Solche Unterscheidungen gelingen vielen legasthenischen Kindern nicht. Die Groß- und Kleinschreibung eignen sie sich besser mit dem einzelnen Wort an. Die Frage nach langen und kurzen Vokalen werden einige von ihnen nie beantworten können, weil sie im Einschulungsalter nicht einmal ein langgesprochenes o von einem langgesprochenen u zu unterscheiden vermögen, geschweige denn Länge / Kürze beim gleichen Vokal. Kinder mit einer solchen Hörverarbeitungsschwäche sind nicht in der Lage, Rechtschreibregeln anzuwenden, die sich auf solche Unterscheidungsleistungen gründen.

Man muß sich daher darauf besinnen, daß die Aneignung der Rechtschreibung eine psychomotorische Leistung darstellt, die in Stufen erfolgt, deren letzte die Automation ist: Erwachsene schreiben die meisten Wörter automatisch, ohne über Rechtschreibregeln nachzudenken. Das gilt übrigens auch für die Regeln der Zeichensetzung!

Am Beispiel eines Zweitkläßlers konnten wir sehen, daß eine Regel angewandt wurde, aber ein Fehler dennoch nicht vermieden werden konnte: Der Junge schrieb zum Bild eines Blattes das Wort "Bältt". Offenbar hatte er sein Regelwissen angewandt und das Wort verlängert, um auf die Schreibung mit Doppel-t zu kommen (Blatt – Blätter). Beim Schreiben aber blieb das ä aus der Mehrzahlform in Erinnerung und es schlich sich zusätzlich eine Reihenfolgevertauschung ein!

Übungswortschatz: Erste Schwierigkeitsstufe

Um den Bedingungen der ersten Stufe der Aneignung zu entsprechen, sollten Rechtschreibübungen für legasthenische Kinder sich zunächst auf Wörter beschränken, die nach dem Muster "Konsonant Vokal – Konsonant Vokal" (wie Nase) oder "Konsonant Vokal – Konsonant Vokal Konsonant" (wie Maler oder malen) aufgebaut sind. Wie beim Lesenlernen erwerben die Kinder auch hier ein Fundament, auf das die späteren Rechtschreibübungen sich stützen können.

Wortsammlungen für solche Übungen findet man in dem Buch "Kieler Rechtschreibaufbau" (Dummer / Hackethal 1987). Man kann sich aber aus Lese- und Sprachbüchern oder aus Wörterbüchern für die Grundschule solche Wörter heraussuchen. Diese Wörter werden jeweils einzeln auf Karteikarten geschrieben. Geübt wird wieder im Spiel.

Übungswortschatz: Zweite Schwierigkeitsstufe

Höhere Ansprüche an das Heraushören aller Laute im gesprochenen Wort stellen Wörter mit Konsonantverbindungen. Auf der zweiten Schwierigkeitsstufe der Übungen geht es um zwei Konsonanten am Anfang des Wortes (Blume, Kragen) oder in der Mitte (Wolke, Farbe).

Bei Wörtern mit dieser Lautstruktur kommen vor allem zwei Fehlerarten vor: Auslassen der sogenannten "Verschleiflaute" l , n , r (Bume, Kagen, Fabe) oder Umstellung dieser Laute (Bulme, Kargen, Frabe). Legastheniker mit einer Hörverarbeitungsschwäche neigen in diesem Zusammenhang auch zur Fehldeutung der kurzen Vokale (Törme statt Türme, Melch statt Milch).

Zur Vermeidung der Reihenfolgefehler schlägt Kossow (1972) spezielle Übungen vor: Das Kind soll beim Sprechen den Anfangsbuchstaben vom übrigen Wort deutlich abheben, z. B.

1	2	3
G – raben	raben	G – raben
k – neten	neten	k – neten

Oder es soll auf das Ende der ersten Silbe hören: Konsonant oder Vokal?

Gra – ben	Gar – ben,	Fla – sche	fal – sche,
Gra – nit	Gar – ten,	strö – men	stür – men

Diese Übungen bereiten die entsprechenden Unterscheidungsleistungen bei einsilbigen Wörter (Puls – plus, Frosch – forsch, Frost – Forst) vor. Wir haben uns mit solchen Wörtern ein Memory-Spiel hergestellt, mit dem wir entsprechend trainieren.

Übungswortschatz: Dritte Schwierigkeitsstufe

Nun dehnen wir den Übungswortschatz auf alle Wörter mit Konsonantverbindungen aus. Allerdings dürfen Wörter mit Dehnung, Dopplung (einschließlich ie, aa, ee, oo) und speziellen Rechtschreibproblemen (ck, tz, x, chs, ks usw.) noch nicht vorkommen. Im Prinzip kann auf dieser Stufe noch die richtige Schreibung jedes Wortes durch deutliches Mitsprechen gut gesteuert werden, sofern man Ableitungen zu Hilfe nimmt. Ableitungen dienen zur Bewältigung der Umlautbildung und der Auslautprobleme:

Hun? – Hunde, also Hund
W?rme – warm, also Wärme.

Auch für Kinder mit Hörverarbeitungsschwächen sind diese Übungen grundlegend. Sie können manche Lautunterschiede zwar nicht "hören" (damit ist die zentrale Verarbeitung gemeint), aber über ihre eigene Artikulation gelingt es ihnen, manchmal mit Hilfe der Lautgebärden, manchmal mit Hilfe eines Spiegels (in dem sie ihre Mundstellungen beobachten), die Unterscheidungsleistungen auf andere Weise aufzubauen.

Übungswortschatz: Vierte Schwierigkeitsstufe

Die orthographischen Schreibungen müssen Legastheniker, wie auch andere Kinder, überwiegend durch Einprägen erwerben. Der Übungswortschatz für Wörter mit Doppelvokalen und mit Dehnung ist glücklicherweise begrenzt. Dasselbe gilt für die Wörter mit **qu**- und mit **x**-Lauten. Mit Hilfe von Postern, die man mit den Kindern selber erarbeitet, kann man über Bildvorstellungen speichern, welche Wörter zu einer bestimmten Schreibung gehören.

Um Wörter mit Doppelvokalen einzuprägen, entwerfen wir z. B. mit den Kindern gemeinsam ein Bild (nach Beate Lohmann), das in der Diagonale durch einen Sandstrand in M**ee**r und Land geteilt wird. Aus dem Meer ragt ein Berg mit Schn**ee** auf dem Gipfel. Am Strand liegt ein Bademantel aus Frott**ee**. Mitten im Land befindet sich ein S**ee**, der in ein M**oo**r übergeht. Auf dem See gibt es ein B**oo**t. Vom See führt eine All**ee** zu einem mit R**ee**t gedeckten Haus. Das Dach ist mit M**oo**s bewachsen. Vor dem Haus steht ein Tisch mit T**ee** und Kaff**ee**, daneben sitzt ein Mädchen mit blondem H**aa**r ... Den Kindern fällt noch mehr dazu ein.

Für diese Art der Übungen im letzten Schwierigkeitsbereich der Rechtschreibung gibt Beate Lohmann (1990) gute Anregungen.

e) Eselsbrücken und Spiele

Wenn Legastheniker nicht entmutigt werden und ihr Problem akzeptieren, sind sie auch bereit, mehr zu üben als andere Kinder. Wichtig ist dennoch, daß sie weder durch den Zeitaufwand noch durch den Schwierigkeitsgrad der Übungen überfordert werden. Daher versuchen wir gemeinsam, Eselsbrücken für spezielle Rechtschreibprobleme zu finden und möglichst viele Übungen als Spiel durchzuführen. Die Kinder durchschauen schon, daß es sich nicht um richtige, sondern um Lernspiele handelt. Dennoch lassen sie sich gern darauf ein, weil Lernen im Spiel einfach leichter fällt.

Eselsbrücken

Für die häufigsten Verwechslungsprobleme, die bei legasthenischen Kindern immer wieder zu beobachten sind, haben wir uns "Eselsbrücken" gebaut: **b – d – g**

– Wir sprechen **b** und legen dabei den Zeigefinger auf die Lippen. Wir spüren, wie die Lippen sich beim Sprechen leicht öffnen. Da der Zeigefinger lang ist und nach oben zeigt, müssen wir auch den Buchstaben schreiben, bei dem der Stift zunächst nach oben wandert. Auch der kleine Druckbuchstabe **b** kann mit dieser Hilfe befestigt werden. Wir drucken ihn in das geschriebene **b** mit einer anderen Farbe hinein: zuerst den langen Strich, dann erst die "Kugel".

– Wir versuchen herauszuspüren, was die Zunge tut, wenn wir **d** sprechen. Sie drückt gegen den Gaumen. Daher drücken wir bei unserem Geheimzeichen für **d** beide Daumen zusammen. Der runde Daumennagel soll uns daran erinnern, daß wir beim Schreiben mit der "Kugel" beginnen müssen. Danach erst folgt der lange Strich. Schreib- und Druckbuchstabe entsprechen einander soweit, daß man von der Schreibbewegung her – wenn sie einmal befestigt ist – auch beim Erlesen den richtigen Laut zuordnen kann.

– Das kleine **g** wird seltsamerweise auch mit **b** und **d** verwechselt, obwohl seine Form sich in der Druckschrift wie in der Schreibschrift von den beiden anderen unterscheidet. Wir führen das **g** mit der Vorstellung von einem "Gänseschnabel" ein (Daumen und Zeigefinger bilden den Schnabel). Man kann den Buchstaben mit Farbe in die Bleistiftskizze eines Gänsekopfes hineinschreiben. Die "Kugel" ist oben, der "Hals" zeigt nach unten. Oft aber genügt es, den Buchstaben mit der Lautgebärde zu verbinden, um weitere Verwechslungen zu vermeiden.

Wörter-Bingo

Ein sehr beliebtes Spiel anstelle des Diktats ist das "Wörter-Bingo". Man gibt dem Kind ein Blatt Papier, das durch vorheriges Falten oder mit Hilfe eines Lineals in 4 × 4 = 16 Felder aufgeteilt wurde. Je nachdem, wieviele Wörter man schreiben lassen will, darf das Kind in sieben oder vier Felder je ein Blümchen, Mäuschen oder Kreuzchen malen. Es bleiben noch 9 bzw. 12 Felder zum Schreiben frei.

Nun läßt man das Kind aus der Übungskartei blind die entsprechende Zahl von Wörtern heraussuchen, mischt die Karten gründlich und diktiert die Wörter in der Reihenfolge, in der sie im Kartenhäufchen liegen. Jedes Kind schreibt die Wörter in die Kästchen, wie es ihm beliebt, d. h. ohne eine Reihenfolge einzuhalten. Danach wird kurz überprüft, ob alle Wörter richtig geschrieben wurden. Findet man einen Fehler, den das Kind nicht erkennt, so gibt man ihm die entsprechende Wortkarte zum Vergleich. Danach radiert es das falsch geschriebene Wort aus und schreibt es neu.

Nun kommt das eigentliche Spiel, das zugleich eine Leseübung darstellt: Der Spielleiter mischt die Karten wieder sehr sorgfältig und liest sie in der veränderten Reihenfolge vor. Die Kinder suchen das jeweils diktierte Wort in ihren Kästchen auf und ziehen durch das Feld, in dem sie es finden, einen diagonalen Strich.

Sofern sie alle Kästchen in einer Zeile oder Spalte durchgestrichen haben, dürfen sie "Bingo" rufen und an den seitlichen bzw. unteren Rand des Blattes ein Gesicht mit dem bekannten lachenden Mund ("Smiley") malen. Am Ende des Spiels haben alle Kinder acht Smileys "gewonnen". Bezeichnenderweise hat sich noch nie ein Kind beklagt, daß alle gewonnen haben und es keinen Verlierer gibt!

Silben-Rätsel

Aus vier langen Wörtern soll ein neues viersilbiges Wort erraten werden. Dazu muß das Kind die ersten vier Wörter in Silben aufschreiben. Am Ende jeder Zeile steht eine Zahl. Sie bedeutet, daß die entsprechende Silbe aus dem Wort markiert werden soll. Aus den markierten Silben setzt sich dann das neue Wort zusammen. Mütter müssen ein wenig erfinderisch sein, um solche Rätsel zusammenzubasteln. Hier ist ein Beispiel:

Polizeiauto (3):	Po-	li-	zei-	au-	to
Rosinenkuchen (5):	Ro-	si-	nen-	ku-	chen
Vogelfeder (3):	Vo-	gel-	fe-	der	
Wagenräder (4):	Wa-	gen-	rä	der	
Das neue Wort lautet:	Zei-chen-fe-der				

Gefüllte Leberwurst

Die "Gefüllte Leberwurst" ist ein Spiel, das bei älteren Kindern die Beweglichkeit im Wortschatz steigert und die Aneignung der Rechtschreibung unterstützt. Wir legen mit den Buchstaben vom

Spiel "Letra-Mix" oder mit selbstgefertigten Buchstaben ein langes Wort, z. B.:

SCHWEINEBRATEN

Das Kind darf nun die Buchstaben, wie es sie braucht, aus dem Wort herausnehmen, um neue Wörter zu bilden. Jedes Wort, das es gefunden hat, schreibt es auf ein Blatt Papier. Wenn es allein spielt, zählt man am Ende des Spiels wieder die Silben der insgesamt geschriebenen Wörter. Spielen mehrere Kinder gemeinsam, so erhalten sie für jedes Wort, das bei zwei und mehr Kindern vorkommt, jeweils 5 Punkte, aber 20 Punkte für ein Wort, das niemand anders geschrieben hat.

Bei jüngeren Kindern geben wir Hilfen: Suche Wörter mit **ei** (oder mit **ie**, oder mit **ee**). Auf der vierten Stufe der Schwierigkeit von Wörtern würde man für Wörter mit Dehnungs-h oder mit Dopplung z. B. zehn Punkte vergeben, um sie attraktiver zu machen.

Aus dem Wort "Schweinebraten" könnte sich folgende Wörtersammlung ergeben:

ein	weich	Biene	raten	Tee	Sahne
Wein	reich	Schiene	waten	See	Bahn
nein	Teich	Niete	Bach	Schnee	Naht
sein		bieten	Nacht	Teer	
rein	(usw.)				

Als Erwachsener wird man sich wundern, wie viele Wörter die Kinder finden, nachdem sie in diesem Spiel geübt sind.

f) Fehlersalbe und Fehlerpflaster

In der Schule werden Fehler häufig noch rot unterstrichen und darüber hinaus auch dadurch betont, daß unter den Arbeiten die Zahl der Fehler steht, nicht die Anzahl der richtig geschriebenen Wörter. Was man rot unterstreicht, wird für die visuelle Wahrnehmung hervorgehoben. Rot ist zudem noch eine Farbe mit Signalcharakter. Das bedeutet, daß sich die rot unterstrichenen Schreibungen – also die Fehler – einprägen!

Bei uns werden Fehler nicht betont, sondern heruntergespielt. Nach Möglichkeit zählen wir die richtig geschriebenen Wörter und vergleichen von Mal zu Mal, wieviel mehr Wörter nun schon fehlerlos geschrieben werden. In der Schule sollte man angeben, wieviele Wörter von der Gesamtzahl der Wörter im Diktat richtig geschrieben wurden! In Prozent ausgedrückt, kann man die eigenen Erfolge dann in der Zeichnung eines Thermometers darstellen und mit früheren Leistungen vergleichen.

Unauffällig korrigieren

Anfangs, solange das Kind mit Bleistift schreibt, korrigiert der Erwachsene unauffällig, wenn das Schriftbild mit dem Radiergummi verschmiert wurde oder das Kind einen Fehler übersehen hat.

Später gibt es für Falschschreibungen mit Tinte "Fehlerpflaster": Aus einem Klebeetikett schneidet man ein genügend großes Stück aus, klebt es drüber, und schon ist der Schaden geheilt! Auf das "Pflaster" kann man zudem das Wort noch einmal richtig schreiben. Damit wird zugleich das Richtige zum Einprägen hervorgehoben. Und der Ausdruck "Fehlerpflaster" sagt dem Kind, daß man Fehler beheben kann, ohne sie tragisch zu nehmen.

Bei Diktatübungen mit der Schreibmaschine kann nicht sofort korrigiert werden, weil man an die Schadenstelle nicht gleich herankommt. Wir veranlassen daher das Kind, das Blatt nach dem Diktat herauszunehmen und anhand einer entsprechenden Vorlage seine Fehler selbst zu suchen. Mit Tipp-Ex ("Fehlersalbe") werden sie gelöscht. Dann spannt das Kind das Blatt wieder ein und schreibt die vorher fehlerhaften Wörter unter die Arbeit.

Selbstkorrektur, ein wichtiges Prinzip

Wissenschaftler haben in mehreren Untersuchungsreihen festgestellt, daß Kinder unmittelbar nach dem Diktat besonders interessiert daran sind, zu erfahren, ob sie die Wörter richtig geschrieben haben und, wie sie geschrieben werden. Den größten Lernerfolg in der Rechtschreibung erzielten die Schüler, denen erlaubt wurde, unmittelbar nach jedem Diktat ihre eigenen Fehler zu suchen und zu korrigieren. Dieser sehr deutliche Erfolg im Vergleich zu anderen Gruppen trat ein, obwohl sie bis zu 30% ihrer eigenen Fehler übersehen hatten.

Demnach darf man annehmen, daß auch Schüler mit Rechtschreibschwierigkeiten sich richtige Schreibungen eher einprägen können, wenn sie sogleich nach einem Diktat oder einer anderen Übung kontrollieren und korrigieren dürfen. Daher sollten Übungsleiter in der Förderung und Mütter zu Hause möglichst viele Möglichkeiten zur Selbstkorrektur geben. Fehler, die ein Kind dennoch übersieht, werden wiederum mit Fehlerpflaster oder Fehlersalbe unauffällig vom Erwachsenen korrigiert.

g) Hausaufgaben

Hausaufgaben sollte das Kind zwar möglichst selbständig machen, doch wird die Mithilfe der Mutter lange Zeit nötig sein. Es gibt keine allgemeingültigen Regeln für diese Mithilfe. Wichtig aber ist in jedem Fall, daß Betreuer und Kind partnerschaftlich miteinander umgehen. Das Kind muß die Hilfen als sinnvoll akzeptieren können. Ebenso muß es Hilfsangebote, die ihm nicht wirklich helfen, ablehnen dürfen. Ein Üben gegen den Willen des Kindes wird schnell zum Krampf und belastet dann die Mutter- bzw. Vater-Kindbeziehung unnötig.

Zeigen Sie Ihrem Kind nie Geringschätzung – und sei es auch nur durch die Wahl zu leichter Spiele! Legastheniker sind aufgrund ihrer Erfahrungen hier besonders feinfühlig. Andererseits können sie selbst recht gut einschätzen, was für sie zu leicht ist. Am besten bietet man in bezug auf Spiele und Übungstexte für das Lesen und Schreiben dem Kind mehrere Wahlmöglichkeiten an.

Ebenso wenig ist Mißtrauen am Platze. Legastheniker möchten aufgrund ihrer allgemeinen Begabungshöhe in der Regel gerne etwas leisten. Kein Legastheniker "ruht sich auf seiner Legasthenie aus", es sei denn, ein verständnisloses Umfeld habe ihn bereits resignieren lassen. Nicht einmal in diesem Fall kann man von "Faulheit" sprechen. Der Schüler traut sich nichts mehr zu und tut lieber gar nichts, als sich dem Mißerfolg zu stellen. Erfahrungsgemäß lassen Erfolge in der Förderung oder Ermutigung in der Schule den Fleiß des Schülers rasch wieder aufleben.

Zusätzliche Förderung oder Einüben von Lernstrategien?

Während der Grundschulzeit bleibt im Rahmen der Hausaufgaben noch am ehesten Zeit für die zusätzliche Förderung. Daß diese Zeit 15 Minuten täglich nicht überschreiten sollte, wurde bereits gesagt.

Solange das Kind noch nicht ausreichend sicher lesen kann, sind schriftliche Hausaufgaben im Fach Deutsch meist eine Überforderung. Sie sollten in diesem Fall durch häusliche Leseübungen ersetzt werden. Viele Lehrkräfte sind dafür zu gewinnen, daß das Kind anstelle der schriftlichen Hausaufgaben spezielle Übungen zum Lesenlernen durchführt, über die die Mutter wöchentlich Mitteilungen an die Schule gibt. Da in diesem Rahmen auch Wörter geschrieben werden, (siehe Seite 60–64) kann die Lehrkraft die schriftlichen Ergebnisse der häuslichen Übungen als Hausaufgaben anerkennen und abzeichnen.

Ähnlich könnte man im Fach Mathematik verfahren, z. B. sobald das kleine Einmaleins gelernt werden soll. Legastheniker brauchen dafür in der Regel mehr Zeit als andere Kinder, so daß man die Einmaleinsreihen zu Hause länger üben muß. Die Hausaufgaben sollten sich dann auf die Einmaleinsreihen beschränken, die das Kind bereits gelernt hat, auch, wenn die Klasse schon zwei oder drei Reihen mehr beherrscht.

Später, vor allem, wenn in weiterführenden Schulen der Umfang der Hausaufgaben zunimmt, ist zu überlegen, ob es besser ist, auf zusätzliche Übungen zugunsten einer sorgfältigen Hausaufgabenbetreuung zu verzichten.

Verträge zwischen Mutter und Kind

Um die Geduld sowohl der Mutter als auch des Kindes nicht zu sehr zu strapazieren, sind kleine Verträge nützlich. Die Absprachen betreffen sowohl die Dauer der Arbeitszeit für die Hausaufgaben und die Pausen (z. B. "Wenn ich 20 Minuten gearbeitet habe, darf ich eine halbe Stunde spielen"), als auch die Reihenfolge der Fächer. Meist empfiehlt es sich, die leichteren Aufgaben zuerst bearbeiten zu lassen. Manche Kinder aber möchten zuerst das Schwere (also die Deutsch-Aufgaben) hinter sich bringen. Es ist im allgemeinen richtig, hier dem Kind zu folgen.

Die gesamte Arbeitszeit müßte sich an den Angaben orientieren, die in den schulischen Bestimmungen genannt werden:

– eine halbe Stunde im ersten und zweiten Schuljahr,
– eine Stunde im dritten und vierten Schuljahr
– Wochenenden sind von Hausaufgaben freizuhalten.

In der Regel wird man die täglichen 15 Minuten zusätzlicher Übung hinzurechnen müssen. Dies muß man dem Kind in verständlicher Form erklären. Es geht immer um einen Balanceakt zwischen Über- und Unterforderung. Eine Eieruhr oder ein Küchenwecker helfen auf neutrale Weise, die getroffene Vereinbarung einzuhalten.

Wenn der Schüler bereits eine weiterführende Schule besucht, kann mit den unterrichtenden Lehrern besprochen werden, welcher Zeitraum für die Hausaufgaben auf der jeweiligen Klassenstufe angemessen ist. Bei der Entscheidung, ob darüberhinaus noch zusätzlich geübt werden kann, ist zu berücksichtigen, daß das Kind auch noch Freiraum für Hobby und Sport braucht.

Gemeinsam mit dem Kind muß man ausprobieren, wann die Hausaufgaben gemacht werden. Eine Woche lang könnte man die Hausaufgaben z. B. gleich nach der Schule, die nächste Woche nach dem Mittagessen, eine weitere Woche erst nach einer Pause ansetzen. Wichtig ist, den Zeitpunkt herauszufinden, der dem Kind gemäß ist. Ebenso muß man beachten, daß manche Kinder nach etwa 20 Minuten jeweils eine Pause brauchen, um danach weiterarbeiten zu können. Andere Kinder arbeiten lieber in einem Zuge durch.

Das "Drumherum" bei den Hausaufgaben

Selbstverständlich muß man auf einen geeigneten Arbeitsplatz achten und auf diesem Platz Anordnungen schaffen, z. B. für den Ort von Lexika, von Stiften usw. Ebenso ist auszuprobieren und danach abzusprechen, an welcher Seite des Kindes der Betreuer sitzt. Bei Rechtshändern kann man z. B. auf der linken Seite, bei Linkshändern von rechts gut beobachten und gegebenenfalls Fehler vermeiden helfen. Dies ist auf sehr neutrale Weise möglich, indem man "stop" sagt, wenn sich ein Fehler anbahnt. Das Kind kann dann über die richtige Lösung nachdenken, mögliche Lösungen mit dem Betreuer durchsprechen oder in manchen Fällen auch einfach die Lösung erfragen.

Manche Kinder wünschen sich eine Betreuung nur aus der Ferne. Die Mutter sollte ansprechbar sein, aber nicht neben dem Kind sitzen. In diesem Fall braucht sie eine ruhige Nebenbeschäftigung.

Zu den Randbedingungen gehört auch, daß man ein Getränk bereitstellt sowie Ablenkungen und Nebengeräusche vermeidet.

Anleitung zur Selbsthilfe, Aneignung von Strategien

Bestimmte Fehlertendenzen werden der Mutter bei den täglichen Beobachtungen deutlich auffallen. Darüber sollte sie mit dem Kind sprechen und gemeinsam mit ihm herauszufinden versuchen, wie es sich bei diesen Fehlern selbst wirksam kontrollieren kann. Es wird "Eselsbrücken" ausprobieren oder sich selbst welche konstruieren.

Es schränkt die Selbständigkeit des Schülers keineswegs ein, wenn man anfangs bestimmte Strategien eintrainiert. Wie lange sitzt z. B. ein Kind vor einem Wort und beginnt nicht zu schreiben, nur, weil es nicht entscheiden kann, ob das Wort groß oder klein geschrieben wird. In diesem Fall muß sich das Kind Fragen stellen, die als Entscheidungshilfen dienen können. Diese Fragen lauten:

Paßt "ich, du, er, wir" zu dem Wort?	Dann	*klein*	schreiben.
Sagt das Wort, wie etwas ist?	Dann	*klein*	schreiben.
Paßt "der, die, das" zu dem Wort?	Dann	*groß*	schreiben.

Es ist wichtig, daß die Reihenfolge der Fragen eingehalten wird, damit das Kind zunächst die Tätigkeits- und Eigenschaftswörter (Verben und Adjektive) findet. Die Möglichkeit, Verben und Adjektive als Hauptwörter (Nomen) zu gebrauchen, so daß sie dann groß geschrieben werden, führt leicht zur Verwirrung.

Die Fragen können in verkürzter Form auf eine Karteikarte geschrieben werden, die dann zur Einübung der Strategie dient. Sie wird über einen längeren Zeitraum während der Hausaufgaben zur Erinnerung auf dem Arbeitsplatz liegen müssen, damit der Schüler sich daran gewöhnt, bei Unsicherheiten blitzschnell diese Fragen durchzugehen. Der Zeitaufwand, den er für diese Strategie braucht, ist immer noch geringer als das frühere fruchtlose Brüten über dem unlösbaren Problem.

Ähnliches gilt von der Strategie, beim Schreiben grundsätzlich leise mitzusprechen. Auch dies muß eingeübt werden, stellt aber später eine der sichersten Steuerungshilfen für selbständiges Schreiben dar. Dabei ist auf rhythmisches, silbenweises Sprechen zu achten.

Eine weitere, unbedingt notwendige Strategie, die alle legasthenischen Schüler brauchen, ist die Verlängerung von Wörtern, deren Auslautschreibung nicht herausgehört werden kann. Dafür wurden oben bereits Beispiele gegeben.

Schließlich darf der Betreuer die Arbeitszeit verkürzen helfen, indem er z. B. Texte für Mathematik oder für die Hausaufgaben in den Sachfächern vorliest. Er nimmt ja dem Kind nicht die Auseinandersetzung mit Inhalten ab, im Gegenteil, er ermöglicht sie erst. Nur die zeitliche Belastung verringert sich. Das stellt manchmal eine entscheidende Hilfe dar, weil der Zeitaufwand für Legastheniker ohnehin bei vielen Arbeiten wesentlich größer ist als für Altersgenossen.

Mit dem älteren Schüler wird man trainieren, Schlüsselwörter im Text mit einem Farbmarker zu markieren, damit er trotz überfliegenden Lesens die notwendige Genauigkeit der Sinnerfassung erreicht.

Auch das Nachschlagen im Wörterbuch muß geübt werden. Dem Legastheniker sollten vor allem die häufigsten Alternativen zur Verfügung stehen (was ich nicht unter **f** finde, muß ich unter **ph** oder **v** suchen). In diesem Rahmen ist auch die Alternative zur Lautverbindung **kw** , die ausschließlich als **qu** vorkommt, zu wiederholen und zu befestigen. Die Arbeit mit dem Wörterbuch stellt einen wichtigen Eckpfeiler der Selbständigkeit des Schülers dar.

In anderen Zusammenhängen wird ein Legastheniker ganz individuelle Lernwege finden müssen. Insgesamt ist zu beobachten, daß diese Schüler später, als allgemein angenommen, zu völlig selbständigem Arbeiten bei den Hausaufgaben kommen. Viele Mütter, deren Kinder höhere Klassenstufen besuchen, berichten immer wieder von einem Auf und Ab in der Schullaufbahn und von Leistungseinbrüchen, wenn sie sich zu früh oder zu schnell aus der Hausaufgabenbetreuung zurückgezogen haben.

Hausaufgabe: Vokabeln lernen

Zu den wichtigsten Aufgaben bei der Hausaufgabenbetreuung gehört das Vokabellernen in den Fremdsprachen. Erfahrene Mütter empfehlen, auf jeden Fall die Reihenfolge Deutsch/Englisch – Englisch/Deutsch einzuhalten. Entsprechendes gilt natürlich von den anderen Fremdsprachen.

Bei rein englischsprachigem Unterricht müssen die täglich anfallenden neuen Wörter mit einbezogen werden. Meist hilft die wörtliche deutsche Übersetzung, Zugang zu den englischen Redewendungen zu finden. Wenn irgend möglich, sollte man bei den Hausaufgaben auch die Tonband-Kassetten zu dem jeweils benutzten Englischbuch einsetzen.

Vokabelkarten (auf der einen Seite das englische, auf der anderen das deutsche Wort) haben sich bewährt. Manche Schüler kommen mit der englischen Schreibweise besser zurecht, wenn sie sich die Reihenfolge der Buchstaben im englischen Wort mit einer "Pilotsprache", d. h., so, wie die Buchstabenfolge auf deutsch klingen würde, vorsprechen und zusammen mit der englischen Aussprache einprägen. Andere Schüler haben mehr Erfolg bei mehrfachem Aufschreiben der Vokabeln. Hier muß man den Legastheniker selbst erproben lassen, was ihm am ehesten hilft.

Die lateinische Sprache ist zwar weitgehend lautgetreu und daher für Legastheniker leichter zu bewältigen als die englische oder gar die französische, doch gibt es auch hier einige Tücken: Lateinische Texte erfordern genaues Lesen. Das birgt für Schüler mit visuellen Wahrnehmungsschwächen Probleme. Während ein solcher Schüler im Deutschen aus dem Textzusammenhang erkennen kann, ob das Wort z. B. "Laden" oder "Loden" heißen soll (ihm sind ja die Wortbedeutungen geläufig), wird er bei lateinischen Texten vielleicht "manere" und "monere", "voluntas und voluptas" (Originalfehler in der Abiturarbeit eines Legasthenikers) verwechseln.

Unsicherheiten bei der Unterscheidung der optischen Zeichen o und a werden häufiger berichtet. Ein solches Kind würde in der Grundschulzeit zwar "Vater" sprechen und auch buchstabieren, aber dennoch "Voter" schreiben.

Auch Spiegelbildvertauschungen, wie **ad** und **ab**, können den Sinn eines Textes entstellen und zu falschen Übersetzungen führen. Ebenso kommen Reihenfolgefehler wie "laubadamus" statt "laudabamus" vor. Bewährt hat sich, Fehler, die dem Schüler häufiger unterlaufen, in einer besonderen kleinen Kartei zu sammeln. Im Zuge der Hausaufgaben sollten dann die "kleinen Gemeinheiten", d. h. die fehlerträchtigen Wörter aus dieser Kartei, regelmäßig wiederholt werden.

5. Der Rollenkonflikt der Eltern

Die Probleme der legasthenischen Kinder in der Schule strahlen auf die ganze Familie aus. In der Regel spielt die Mutter eine zentrale Rolle, weil sie durch die Betreuung der Hausaufgaben meist genauere Beobachtungen macht, und zwar nicht nur zu den Fehlern, sondern auch zu den Stimmungen des Kindes.

Sie steht meist vor der Aufgabe, in der ganzen Familie Sachverstand und Problemverständnis zu erreichen, damit nicht ein unbedachtes Wort den Erfolg der Hilfen wieder gefährdet. Daß dies nicht immer leicht ist, wissen wir aus der Elternberatung. Oft sperrt sich ein Familienmitglied schon gegen den Gedanken, das Kind könne Legastheniker sein. Hierbei spielt manchmal Prestigedenken mit Rücksicht auf die Umwelt eine fatale Rolle. Die Legasthenie wird als Makel empfunden. Mit etwas Geschick aber ist es möglich, die

Sperren abzubauen, so daß sich das legasthenische Kind wenigstens in der Familie geborgen fühlt.

Trotzdem kann es zu Verstimmungen zwischen Mutter und Kind kommen, wenn Mütter mit ihren eigenen Kindern arbeiten. Das liegt im wesentlichen an dem Rollenkonflikt, in den die Mütter zwangsläufig geraten: Als Mutter sind sie für das Kind Bezugsperson für emotionale Bedürfnisse, für Trost, Zuflucht, Liebe, Geborgenheit.

In der Förderung, beim Üben, ja schon bei den Hausaufgaben, schlüpfen die Mütter aber in die Rolle der Lehrerin. Diese Rolle verbindet sich für das Kind mit Forderungen, die es nur schwer oder nicht erfüllen kann, mit Leistungsbewertung im Klassenmaßstab, insofern mit Mißerfolgen und dem Anspruch, noch mehr zu üben.

Die Mutter muß Mutter bleiben

Je nachdem, wie das Kind seine eigene Lehrerin (oder seinen Lehrer) in der Schule erlebt, wird es der Lehrerrolle an sich schon offener oder aber kritischer gegenüberstehen. Aber selbst bei positiver Beziehung zur eigenen Lehrerin ist für das Kind die Welt nicht in Ordnung, sobald die Mutter nun auch noch zur Lehrerin wird.

Überwinden kann man diese Schwierigkeit am ehesten, wenn die Mutter auf jeden Fall deutlich macht, daß sie die Mutter bleibt und eine partnerschaftliche Haltung einnimmt: "Wir wollen es gemeinsam schaffen" und "Du sagst mir, wenn ich Dir helfen soll" sind geeignete Grundsätze, die den Rollenkonflikt vermeiden helfen.

Diese Vereinbarung dient wiederum dazu, das Kind möglichst zum selbständigen Arbeiten zu führen. Aber, wenn Legasthenikern etwas schwerfällt, brauchen sie doch die Nähe der Mutter. Sie muß während der Schulaufgaben und der zusätzlichen Übungen in der Nähe anwesend sein und auf Fragen und Bitten um Hilfe reagieren können. Daß gemeinsame Absprachen in der Form kleiner Verträge – an die sich beide Seiten halten müssen – hilfreich sind, wurde bereits gesagt. Ausführlich befaßt sich Firnhaber (1995) mit der Zusammenarbeit von Mutter und Kind.

Weitere Grundsätze für das Üben

Konflikte lassen sich auch vermeiden, wenn von vornherein die folgenden Grundsätze beachtet und entsprechende Vereinbarungen mit dem Kind getroffen werden:

● Das Kind schreibt stets mit Bleistift und es darf Fehler, die es erkennt, sofort korrigieren.

- Mutter und Kind vereinbaren, daß jedes Wort zunächst in Silben gegliedert und deutlich gesprochen wird, und daß es auch beim Niederschreiben mitspricht. (Dadurch können Auslassungen in der Regel vermieden werden).
- Fehler, die immer wieder vorkommen (z. B. Verwechslungen von b-d-g) werden dem Kind nicht vorgeworfen. Der "Bösewicht" ist der Bleistift, der macht, was er will!
- Zur Vermeidung solcher besonderen Fehler benutzen wir unsere "Eselsbrücken" (s. o.)
- Am Ende der Übungen bzw. Diktate sieht nicht die Mutter, ob nun alles richtig ist, sondern das Kind! Es darf auch selber zählen, wieviele Wörter es richtig geschrieben hat.

Als wichtigstes Ziel im Umgang mit dem legasthenischen Kind sollte die Mutter im Auge behalten, daß es möglichst selbständig werden soll, auch im Umgang mit seinen Fehlern. Dem Kind helfen, sich selbst zu helfen und das mit Phantasie und Fehlerpflaster – auch im übertragenen Sinn! – wird am ehesten zu diesem Ziel führen.

6. Mit der Schule reden

Elternhaus und Schule sind zwei verschiedene Lebensräume, aber es ist ein und dasselbe Kind, mit dem Eltern und Lehrer zu tun haben. Beide wollen in der Regel sein Bestes. Nur die Ansichten darüber, was für das Kind das Beste sei, gehen manchmal auseinander. Das gilt besonders dann, wenn die Schule in bezug auf Legasthenie keine ausreichenden oder falsche Informationen hat. Die Kinder mit guten Lernvoraussetzungen einerseits, aber einer Lese-Rechtschreibschwäche andererseits, sind nach wie vor im Regelschulsystem nur schwer einzuordnen.

Obwohl die Absichten vieler Lehrer und der Schulbehörden heute mehr als früher dahin gehen, allen Schülern mit Lernproblemen rechtzeitig und angemessen zu helfen, kann es im Einzelfall immer noch schwer sein, sich mit einem Lehrer über die Legasthenie eines Kindes zu verständigen. Zwar ist die Notwendigkeit der *Förderung* von Schülern mit Lese-Rechtschreibschwierigkeiten heute bei Lehrern und Schulbehörden nicht mehr strittig, auch wenn die Praxis dieser Einsicht noch bei weitem nicht entspricht. Doch stellt der *Notenschutz* als eine Stützmaßnahme der Förderung, ohne den sie nicht gelingen kann, manche Lehrer immer noch

vor ein ernstes Problem. Sie fühlen sich aufgrund der Zensierungs-
bestimmungen und Versetzungsrichtlinien zur *formalen* Gleichbehandlung aller Kinder verpflichtet.

Nun ist blinde Gleichbehandlung für alle Schüler nirgendwo in
den Zensierungs- und Versetzungsbestimmungen der Bundesländer ohne Einschränkung verankert. Vielmehr wird überall darauf
hingewiesen, daß Lehrer zu pädagogisch begründeten Ermessensentscheidungen unter Berücksichtigung der besonderen Situation
oder spezieller Probleme eines Kindes verpflichtet sind. Eltern
werden daher in Gesprächen mit Lehrern zunächst versuchen müssen klarzumachen, welches denn die besondere Situation dieses
Kindes sei.

a) Verständnis für Fehler und Lernprobleme wecken

Wie sich aus den Briefen von Müttern und aus mündlichen Berichten von Eltern ergibt, stehen sie oft vor der Schwierigkeit, ihre
eigenen Einsichten in den Sachverhalt Legasthenie der Schule zu
vermitteln, die ihrerseits meint, die richtige Sichtweise zu vertreten.

Am ehesten wird man auch bei wenig informierten Lehrern
Verständnis für die Probleme des Kindes wecken können, wenn
man über solche Unterlagen miteinander spricht, die in der Schule
vorliegen bzw. die von den Lehrern selbst erstellt worden sind.
Dazu gehören die Zeugnisse, darin vor allem die schriftlichen
Bemerkungen, ferner schriftliche Beurteilungen oder Bemerkungen unter Klassenarbeiten.

Eltern sollten in jedem Fall den Lehrern ihre Bereitschaft zur
Mitarbeit deutlich machen. "Wie können wir Ihre Bemühungen um
die Förderung des Kindes am besten unterstützen?" ist eine Frage,
die Lehrer in ihrem Wissen und Können nicht in Frage stellt und zu
gemeinsamer Blickrichtung führt.

Auf Leistungsdiskrepanzen hinweisen

Als besonders hilfreich hat sich erwiesen, aus den bisher erteilten
Zeugnissen eine Notentafel zusammenzustellen. Stärken und
Schwächen des Kindes gehen in der Regel daraus hervor. Aber
auch die Entwicklung einzelner Leistungen, z. B. das Absinken der
Mathematiknote im Verlauf der zweiten oder dritten Klasse, läßt
sich an der Notentafel gut ablesen.

Notentafel von Martin:

	Kl. 5		Kl. 6		Kl. 7		Kl. 8		Abschluß-zeugnis
Deutsch	4	4	4	4	4	4	4	4	4
Englisch	4	4	5	5	5	5	4	4	4
Mathemathik	2	2	2	2	2	2	2	2	2
Geschichte	–	–	2	2	2	2	3	2	2
Erdkunde	2	2	2	2	2	2	3	3	3
Biologie	2	2	2	3	2	2	3	3	3
Physik	–	–	–	–	2	2	2	2	2
Werken	–	–	–	–	1	1	2	2	–
Computer-AG					2	2	3	3	

Erläuterung:

Schwer ausgeprägte Legasthenie bei relativ hoher technisch-konstruktiver Intelligenz

Zeugnisse der Hauptschulzeit (ohne Wirtschaft/Politik, Kunst und Sport, in denen nur Zweien und Dreien vorkamen)

Positive Leistungsentwicklung in allen nicht-sprachlichen Fächern

Man kann damit z. B. auch darauf aufmerksam machen, daß die Deutschnote "ausreichend", wenn sie unter Berücksichtigung mangelhafter Rechtschreibung, aber bei guten Aufsatznoten (vor allem für inhaltliche Leistungen) erteilt worden ist, eigentlich eine Diskrepanz verdeckt.

Deutlicher findet sich diese Diskrepanz zwischen guten sprachlichen und inhaltlichen Leistungen und einer hohen Fehlerzahl in den Teilzensuren der Aufsätze bzw. in den schriftlichen Bemerkungen unter den Aufsätzen. Auch in bezug auf diesen Sachverhalt ist den Eltern zu empfehlen, Aufsatz- und Diktathefte und sonstige schriftliche Unterlagen zu kopieren, um für Gespräche mit Lehrern in höheren Klassenstufen auf Belege zurückgreifen zu können.

Entmutigung verhindert gute Aufsätze

In einer Reihe von Fällen aber haben die Kinder Schwierigkeiten auch beim Aufsatzschreiben, weil sie wegen ihrer vielen Rechtschreibfehler das Schreiben überhaupt scheuen. Sie bekommen nur wenige dürftige Sätze zu Papier. Das wird ihnen dann leicht als Faulheit oder Unvermögen ausgelegt.

Damit die Diskrepanz in einem solchen Fall erkannt werden kann, ist es nötig, das Kind seinen Aufsatz frei erzählen zu lassen. Nach einem Gespräch mit der Mutter erlaubte die Lehrerin einem

Legastheniker, seinen Aufsatz auf eine Kassette zu sprechen. Die Mutter durfte den Text dann nach dem Tonband aufschreiben. Der Aufsatz gelang so gut, daß der Junge eine gute Note erhielt. Dadurch ergab sich ein erfreulicher Aufwärtstrend in allen seinen Schulleistungen!

Probleme im Fach Mathematik erkennen

Daß bei dem Kind anfangs relativ gute Leistungsmöglichkeiten neben einer Lernbehinderung für das Lesen- und Schreibenlernen vorgelegen haben, wird in Zeugnissen der ersten Klassen eher nachzuweisen sein als nach mehreren Schuljahren. Eine der deutlichsten Diskrepanzen, nämlich die bessere Mathematiknote im Vergleich zur Rechtschreibung, kann sich aus verschiedenen Gründen allmählich verwischen. Ebenso können bessere Noten in Sachfächern später absinken. Daher ist es wichtig, das Gespräch mit der Schule früh zu suchen!

Wenn die Mathematiknote "befriedigend" bis zum Ende der zweiten oder dritten Klasse noch erhalten geblieben ist, dann aber abzusinken beginnt, sollte man im Gespräch mit dem Klassenlehrer und dem Mathematiklehrer nach den Ursachen suchen. Schwache Rechenleistungen können denjenigen irritieren, der einen Zusammenhang zwischen Legasthenie und Problemen in Mathematik nicht ohne weiteres herstellen kann.

Am besten geht man gemeinsam mit der Lehrkraft die Rechenarbeiten durch, um zu sehen, ob das Kind zwar überwiegend richtig gerechnet, aber die letzten Aufgaben nicht mehr geschafft hat, oder ob die Textaufgaben die eigentliche Hürde darstellen!

Lesefehler als Hürde für Textaufgaben

Früher nahm man in der Schule an, daß die Fähigkeit, aus Textaufgaben die entsprechende Rechenaufgabe herauszuarbeiten, ausschließlich eine Sache der Intelligenz sei. Zahlenrechnen galt als "mechanische" Leistung, die auch unbegabten Kindern gelingen kann. Bei solchen Auffassungen würde selbst eine Diskrepanz zwischen Zahlenrechnen und Textaufgaben in den Rahmen einer Legasthenie nicht einzuordnen sein.

Bei einem Legastheniker aber muß man davon ausgehen, daß er wegen seiner Unsicherheiten beim Lesen die Textaufgaben nicht in der vorgegebenen Zeit oder überhaupt nicht lösen kann.

Auch in diesem Fall stellt der Kassettenrekorder eine wichtige

Hilfe dar. Einsichtige Lehrer sind durchaus dafür zu gewinnen, einem solchen Kind die Textaufgaben auf ein Band zu sprechen, das es in der Mathematikstunde mit Hilfe eines "Walkman" über Kopfhörer abhören kann. Mitschüler werden dadurch nicht gestört. Der gesprochene Text unterstützt das Kind beim Lesen so, daß ihm sinnentstellende Lesefehler und zeitraubende Wiederholungen des Lesens erspart bleiben und es nicht, wie sonst, in Panik gerät.

Vertauschung von Ziffern: 36 = 63

Während der Grundschulzeit wird außerdem darzulegen sein, zu welchen Rechenfehlern das legasthenische Kind neigt. Wir haben erlebt, wie ein Junge, der alle Aufgaben richtig gerechnet, in den Ergebnissen aber die Ziffernfolge vertauscht hatte, von seiner Lehrerin alle diese Aufgaben als Fehler angerechnet bekam. Innerhalb von kurzer Zeit sank er, der vorher ein guter und sicherer Rechner war, auf die Mathematiknote "mangelhaft" ab.

Dies ist eigentlich ein relativ harmloses Problem, sofern eine Lehrkraft es erkennt. Die Mutter konnte im Gespräch mit der Lehrerin auf diese Fehler und ihre Ursache aufmerksam machen. Diese ließ sich dafür gewinnen, hinter jedes umgestellte Ergebnis das Zeichen für "richtig" zu setzen, dann aber die Zahl in der richtigen Ziffernfolge selbst danebenzuschreiben. So wurde dem Jungen das Problem deutlich, ohne daß er das Gefühl haben mußte, seine Lehrerin halte ihn für einen schlechten Rechner!

Belege für den Fleiß des Kindes sammeln!

Wichtig ist auch, daß die Eltern der jeweiligen Lehrkraft nachweisen, auf welche Art und wieviel sie zu Hause mit dem Kind üben. Dafür sind von den täglichen, 15 Minuten dauernden Übungen, alle Belege, d. h. Übungsblätter oder ein entsprechendes Heft, zu sammeln und zum Eltern-Lehrer-Gespräch mit in die Schule zu nehmen. Der Nachweis, wie wenig ein Kind trotz seines Fleißes im Lesen oder Rechtschreiben erreichen kann, verhilft der Lehrkraft manchmal eher zum Verständnis dafür, was Legasthenie bedeutet, als ein Lehrbuch!

Die erste Fremdsprache

Nach dem Eintritt in weiterführende Schulen bekommen die Legastheniker häufig sehr bald mit der ersten Fremdsprache – in der

Regel Englisch – Schwierigkeiten. Das hängt vor allem damit zusammen, daß Schreibung und Aussprache noch weniger als im Deutschen übereinstimmen. Lautgetreues Schreiben führt nicht zum Erfolg.

Erste Mißerfolge erlebt der Schüler schon bei Vokabelarbeiten. Aus einer unzulänglichen Vokabelarbeit werden uninformierte Lehrer meist auf mangelnden Fleiß schließen. Daher sollte man die Zettel von den zu Hause durchgeführten Vokabelübungen und notfalls auch ein Tonband darüber in die Schule mitnehmen. Die Lehrkraft wird dann erkennen, daß die mangelhaften Leistungen keinesfalls auf fehlenden Fleiß zurückzuführen sind. Sie können aber auch Hinweise für Verbesserungen der Übungen geben.

Möglicherweise wird der Lehrer auch erkennen, daß das Kind sich die Vokabeln sehr wohl angeeignet hat, aber an den Schreibungen noch scheitert. Aus dieser Einsicht kann die Bereitschaft erwachsen, in einer Vokabelarbeit in der Schule das richtig getroffene Wort als "gelernt" zu werten, ungeachtet einer fehlerhaften Schreibung.

Klassenarbeiten in anderen Fächern

In den meisten Bundesländern gibt es die Anweisung, daß die Rechtschreibleistung in den Arbeiten der Sachfächer nicht mitbewertet werden darf; aus der Elternberatung wissen wir, daß dies vielen Lehrern nicht bekannt ist. Diese Anweisung gilt allerdings in einigen Bundesländern nur während der Grundschulzeit. Auf der Studienstufe ist sie in allen Bundesländern aufgehoben. Da soll die Rechtschreibung in jeder schriftlichen Arbeit, auch in den Sachfächern, mitbewertet werden. Dies stellt zweifellos eine besondere Härte für Legastheniker dar, nämlich eine "Mehrfachbestrafung" für Schwächen, die sie zwar zum Teil kompensieren, aber nicht generell überwinden können.

Selbst wenn man in der Pädagogik die mangelhafte Rechtschreibung dieser Schüler als ein moralisches Vergehen werten würde (es hat den Anschein, als ob mindestens Schulbehörden dies tun), dann dürfte, wie nach allgemeinem Rechtsgrundsatz, ein solches "Vergehen" nur einmal bestraft werden, und nicht in jedem Fach erneut. Offenbar ist die blinde Justitia barmherziger als die Nachfahren Pestalozzis.

Dennoch sind einsichtige Lehrer in allen Schulstufen darauf ansprechbar, daß die eigentliche Leistungsfähigkeit des legasthenischen Kindes nicht mehr sichtbar wird, sofern seine Rechtschreibleistung auch in den Sachfächern über "richtig" oder "falsch" entscheiden soll! Wir kennen z. B. eine Geographie-Arbeit, in der der Schüler von 34 Punkten 32 erreichen konnte, wenn nur die Antworten und nicht die Schreibungen gezählt hätten. Da von den 32 geographischen Begriffen, die er wußte, 16 nicht richtig geschrieben waren, erhielt er die Endnote "mangelhaft"!

In einem solchen Fall kann das Gespräch mit der Fachlehrkraft und einem Lehrer, der an der Schule für Legastheniker zuständig ist, zu einer Änderung der Note führen. Dies dürfen Lehrer tun, ohne ungerecht zu sein, weil ihre Entscheidung mit pädagogischem Ermessen zu begründen ist. Davon abgesehen entspricht es dem inhaltlichen Anspruch von Leistungsmessung, daß in Sachfächern ausschließlich die Sachleistung bewertet wird. Andernfalls würde die Rechtschreibung zum einzigen meßbaren Inhalt schulischen Lernens erhoben! Das kann im Ernst niemand wollen!

Sollte ein Gespräch mit der betreffenden Lehrkraft nicht zum Erfolg führen, ist es sinnvoll, mit der Bitte um Vermittlung an den Schulleiter heranzutreten.

b) Schullaufbahnfragen lösen

Insbesondere gibt es zwei Zeitpunkte in der Schullaufbahn eines legasthenischen Kindes, zu denen die Meinungen hart aufeinanderstoßen können: das Ende der ersten und das der vierten Klasse. Sollte eine Klassenwiederholung oder die Versetzung in eine Schulform mit niedrigerem Anforderungsniveau anstehen, sind folgende Überlegungen von größter Wichtigkeit:

— Es ist genau und wiederholt zu prüfen, ob mit der bevorstehenden Maßnahme für den Schüler keine inhaltliche Unterforderung verbunden sein wird. Die Auswirkungen auf Selbstwertgefühl, Selbstvertrauen und Leistungsmotivationen wären genau so negativ wie die einer Überforderung. Darüber wird zu wenig nachgedacht.

— Bevor man mit dem Schüler selbst über die anstehende Entscheidung spricht (und das muß unbedingt geschehen!), soll man genau bedenken, mit welchen Argumenten man dies tun will. Er darf keinesfalls das Gefühl vermittelt bekommen: "Meine Eltern halten mich auch nicht für begabt genug für den Besuch des Gymnasiums (der Realschule, der Hauptschule)". Auch, wenn eine solche Entscheidung im Interesse des Schülers sinnvoll erscheint, darf nicht der Eindruck der Abstufung oder gar Erniedrigung erweckt bzw. verstärkt werden.

Wiederholen oder aufsteigen?

Am Ende der ersten oder in der ersten Hälfte der zweiten Klasse stellt sich häufig heraus, daß das legasthenische Kind nicht lesen gelernt hat. Den schulrechtlichen Bestimmungen zufolge empfiehlt die Klassenkonferenz dann den Eltern, das Kind in die neue erste Klasse zurückzugeben, damit es am Leselehrgang ein zweites Mal teilnehmen kann.

Diese Empfehlung kann dem Kind angemessen, sie kann aber auch ganz falsch sein. In die Entscheidung der Eltern sollten folgende Überlegungen mit einfließen: ist das Kind sehr jung eingeschult worden? Wie steht es im Fach Mathematik und den Sachfächern? Hat es feinmotorische Schwierigkeiten?

Da die meisten legasthenischen Kinder, wenn sie nicht lesen gelernt haben, doch viele ihrer Fibelseiten auswendig hersagen können, würden sie im erneuten Leselehrgang auf diese "bewährten" Leistungen zurückgreifen und wiederum nicht lesen lernen. Stellt sich das Kind außerdem als guter Rechner dar, darf einer Klassenwiederholung auf keinen Fall zugestimmt werden! Die psychischen Probleme des Kindes, das sich durch den Eintritt in die neue erste Klasse degradiert fühlt, wären größer als der Gewinn durch die Wiederholung des Schuljahrs!

Aufsteigen mit speziellen Hilfen

Die Eltern sollten vielmehr anregen, daß ihr Kind in der ersten Hälfte der zweiten Klasse durch eine speziell ausgebildete Fachkraft (in der Regel werden dies Sonderschullehrer sein) ein intensives Lesetraining erhält, so daß es in der zweiten Klasse allmählich auch beim Lesen mithalten kann. Wenn die Schule keinen speziell ausgebildeten Lehrer für eine solche Förderung hat, müßten die Eltern außerschulisch Hilfe suchen und das Kind zum Zweck außerschulischer Förderung gegebenenfalls sogar für einige Wochen vom Schulunterricht befreien lassen.

Eine Wiederholung der ersten Klasse erscheint aus heutiger Sicht nur sinnvoll, wenn das Kind eine Frühgeburt war und im Einschulungsalter eine gewisse Zeit der Nachreifung braucht, oder wenn es zu den jüngsten Kindern der Klasse gehört, oder wenn es in allen Leïstungen sehr langsam bzw. minderbegabt ist.

Sonderschuleinweisung – nicht bei Legasthenie!

In diesem Zusammenhang ist auch die Frage nach der Einweisung in die Sonderschule für Lernbehinderte anzusprechen. Diese Schulart beginnt mit dem Leselehrgang erst in der dritten Klasse und dehnt ihn auf zwei Schuljahre aus. Für manchen Grundschullehrer erscheint es vor allem unter diesem Aspekt sinnvoll und hilfreich, ein legasthenisches Kind mit schwerem Leselernversagen in die Sonderschule zu geben. Dieser Vorschlag wird den Eltern vor allem gemacht, wenn das Kind bereits mehrere Schuljahre gescheitert ist.

Abgesehen davon, daß es eigentlich nicht so weit kommen dürfte, weil ja die Grundschule verpflichtet ist, leseschwachen Kindern durch spezielle Förderung wirksam zu helfen, zeichnet sich in einem solchen Vorschlag allzu deutlich das Denken der alten, ausleseorientierten Schule ab. Danach kann ein leseschwacher Schüler nur minderbegabt sein und für solche Kinder ist die Sonderschule da!

Grundsätzlich ist von einer Sonderschuleinweisung bei Legasthenikern abzuraten. Zwar sind die Grundschulen weithin noch nicht in der Lage, in Fällen schweren Leselernversagens erfolgreich zu helfen. Doch gibt es vermehrt Beispiele für einen gezielten Leseaufbau durch entsprechend geschulte Sonderschullehrer, die dafür in die Grundschule abgeordnet werden. Auf einer solchen Hilfe sollten die Eltern im Interesse ihres Kindes bestehen.

Nur im Ausnahmefall könnten sie einer vorübergehenden Aufnahme in die Sonderschule zum Zwecke des Lesenlernens zustimmen. Sie sollten sich aber vorher eingehend von beiden Schulen und zusätzlich von einem unabhängigen Gutachter beraten lassen. Diesen finden sie in der Regel in kinderpsychiatrischen oder kinderneurologischen Abteilungen von Kliniken, manchmal auch im Schulpsychologischen Dienst oder über den Bundesverband Legasthenie. Für die Beratung durch frei arbeitende Diplom-Psychologen entstehen Kosten, die die Eltern leider selbst tragen müssen.

Wichtig ist in diesem Fall eine schriftliche Zusicherung der Sonderschule, daß sie das Kind nach einem, spätestens zwei Schulbesuchsjahren wieder an die Grundschule zurückgeben wird.

Unterforderung schadet mehr als eine Leseschwäche

Unterforderung ist für die Leistungs- und Persönlichkeitsentwicklung eines Kindes meist von großem Schaden! Dies gilt vor allem dann, wenn dieses Kind schon begonnen hat, sich für "dumm" zu halten. Es verliert seine Arbeitshaltung, weil es alle Anforderungen spielend erfüllen kann. Wegen der niedrigen Anforderungen verstärkt sich bei ihm aber auch der Eindruck, man traue ihm nichts zu.

Nicht zuletzt ist zu bedenken, daß ein gut begabtes, rasch auffassendes und an Problemlösungen interessiertes Kind in der Sonderschulklasse keine gleichgearteten Kameraden findet. Seine Lese- und Rechtschreibprobleme dagegen können innerhalb der Grundschule (oder der Hauptschule) durch speziellen Unterricht und Notenschutz weitgehend gemildert werden. Fehlen Möglichkeiten speziellen Unterrichts, so ist eine außerschulische Förderung der Sonderschuleinweisung in jedem Fall vorzuziehen.

Wichtig ist hier noch der Hinweis, daß die Eltern sich gegen eine sonderpädagogische *Überprüfung* des Kindes nicht wehren können. Sie sollten diese Situation jedoch zu einem ausführlichen Gespräch mit dem prüfenden Sonderschullehrer nutzen. Gegen die Einweisung in eine Sonderschule für Lernbehinderte können und sollten sie sich wehren. Dagegen kann der Besuch einer Sprachheilschule sehr hilfreich sein. Sprachheilgrundschulen aber sind Grundschulen.

Übergang in weiterführende Schulen

Am Ende der Grundschulzeit stehen die Grundschullehrer vor der Aufgabe, Eltern für die weitere Schullaufbahn ihrer Kinder zu beraten. Falls der Übergang in eine Gesamtschule vorgesehen ist, fallen zunächst keine endgültigen Entscheidungen, so daß die Eltern vielleicht weniger Probleme haben. Sollen sie dagegen zwischen Hauptschule, Realschule und Gymnasium wählen, hat diese Entscheidung schon mehr Gewicht.

In den meisten Fällen können die Eltern dem Urteil der Lehrer vertrauen. Das gilt vor allem dann, wenn eine Lehrkraft die betreffende Klasse über wenigstens drei Jahre hinweg geführt hat und das Kind ausgeglichene (mittlere oder überdurchschnittliche) Leistungen zeigt. Bei einem legasthenischen Kind aber muß wiederum abgewogen werden: Wird es wegen der Rechtschreibung überfordert, in anderen Leistungen unterfordert sein?

Grundsätzlich sollte eine Schulart gewählt werden, der die Lernvoraussetzungen des Kindes entsprechen, ohne Berücksichtigung seiner Rechtschreibleistung. Hat es aber noch schwerwiegende Probleme beim Lesen oder liegt seine Rechtschreibung weit unter der Anforderung, die von Schülern am Ende der 4. Klasse erfüllt werden kann, dann sollte man statt des Gymnasiums die Realschule, statt der Realschule die Hauptschule wählen.

In allen drei Schularten stehen dem einen Hauptfach Mathematik (aus der mathematisch-naturwissenschaftlichen Fächergruppe) zwei sprachliche Hauptfächer gegenüber (Deutsch und Englisch bzw. Latein oder Französisch). Nach den Klassen 5 und 6 verschiebt sich dieses Verhältnis mit drei sprachlichen Hauptfächern gegenüber Mathematik noch mehr zu Ungunsten der Legastheniker.

Mit den Grundschullehrern sollte daher gemeinsam beraten werden, ob das Kind die sprachlichen Hürden durch bessere mündliche Leistungen wird nehmen können, oder nicht. In der Realschule kann in manchen Ländern die zweite Fremdsprache zugunsten eines mathematisch-naturwissenschaftlichen Faches abgegeben werden. Man sollte sich auch erkundigen, ob es in erreichbarer Nähe des Wohnorts ein Gymnasium mit naturwissenschaftlichem Schwerpunkt gibt. Jede Schule, in der die sprachlichen Anforderungen zugunsten der Sachfächer zurücktreten, ist für Legastheniker vorzuziehen.

c) Schulrechtliche Bestimmungen

In der Bundesrepublik hat jedes Land eigene Kulturhoheit. Das bedeutet, daß schulrechtliche Bestimmungen sich von Land zu Land erheblich unterscheiden können.

Die meisten Länder folgen in ihren Regelungen für Legastheniker den Empfehlungen der Kultusministerkonferenz (KMK-Empfehlungen, s. S. 107). Neben diesen Bestimmungen haben aber auch die Grundschulrichtlinien große Bedeutung, weil darin der Verzicht auf Noten während des ersten, in einigen Ländern auch des zweiten Grundschuljahrs geregelt ist. Ferner gibt es Zensierungs- und Versetzungsbestimmungen, die sich für Legastheniker günstiger oder weniger günstig auswirken können.

Allen Legasthenikereltern ist dringend zu empfehlen, sich über den Elternbeirat, über die Pressestelle ihres Kultusministeriums oder den Bundeselternrat die entsprechenden Unterlagen zuschikken zu lassen und sich vor den Gesprächen mit der Schule ausführlich zu informieren:

- Grundschulrichtlinien des Landes,
- Zensierungs- und Versetzungsbestimmungen,
- Erlaß und Richtlinien zur Förderung von Schülern mit Lese-Rechtschreibschwäche,

– Oberstufen- oder Studienstufen-Verordnung (für die 11.–13. Klasse des Gymnasiums),
– gegebenenfalls die Abiturprüfungsverordnung.

Die Texte dieser Bestimmungen können etwas verwirrend sein, weil sie erstens vieles regeln, was die Eltern nicht betrifft und zweitens von Juristen verfaßt sind, die sich in der Sprache der Ministerien ausdrücken. Verständnishilfen und Hinweise auf die entscheidenden Punkte finden die Eltern beim Bundesverband Legasthenie (BVL), Königstr. 32, 30175 Hannover, oder bei seinen Unterverbänden. Die Adressen können in der Geschäftsstelle des BVL in Hannover erfragt werden.

V. Legasthenie in der Bildungspolitik

1. Die Empfehlungen der Kultusministerkonferenz (KMK)

Die meisten Bundesländer haben in ihren Erlassen "Zur Förderung von Schülern mit Lese-Rechtschreibschwäche" die Empfehlungen der Kultusministerkonferenz vom 20. 4. 1978 zugrundegelegt. Daher ist es für Eltern von Legasthenikern wichtig, zu wissen, was sie von diesen Regelungen erwarten können, und was nicht.

Als Schulpsychologen in der Nachkriegszeit erkannten, daß nicht alle Schüler mit schwachen Lese- und Diktatleistungen schwach begabt sind, suchten sie Hilfe für die spezielle, gut begabte Gruppe schwacher Leser / Rechtschreiber.

Zu Beginn der 70iger Jahre wandte sich dann das Interesse von Lehrern und Schulpsychologen, aber auch einer Reihe von Wissenschaftlern allen schwachen Rechtschreibern zu, d. h. Schülern, die aus verschiedenen Gründen bei noch durchschnittlicher Intelligenz im Leselernprozeß und in der Rechtschreibung scheitern. Man sprach von "schulschwachen Kindern", die die Schule nicht, wie bis dahin häufig, einfach fallenlassen durfte.

Die positive Wende, die in den Schulen mit den Bemühungen um schwächere Schüler einsetzte, hatte leider zur Folge, daß die Gruppe der legasthenischen Kinder vielerorts aus den Augen verloren wurde. Zur gleichen Zeit führten wissenschaftliche Untersuchungen, in denen alle Teilgruppen von Schülern mit Lese-Rechtschreibproblemen, also nicht allein Legastheniker, zusammengefaßt wurden, zu anderen Ergebnissen als die älteren Einzelfalluntersuchungen. Daraufhin galt jegliche Lese-Rechtschreibschwäche als behebbar. Nicht Schwächen im Kind, so meinte man, könnten die Ursache des Versagens sein, sondern lediglich Mängel im Schulsystem: Sofern die Schulen mit den langsamer lernenden Kindern zusätzlich üben, seien alle Probleme bis zum Ende der Grundschulzeit lösbar.

Ganz im Sinne dieser Auffassungen verfaßten die Kultusminister ihre "Grundsätze zur Förderung von Schülern mit besonderen Schwierigkeiten beim Erlernen des Lesens und Rechtschreibens"

(Beschluß der Kultusministerkonferenz vom 20. 4. 1978). Unter Bezug auf die noch offenen Fragen in der wissenschaftlichen Forschung heißt es in der Einleitung: "Unbestritten ist jedoch, daß Fördermaßnahmen für Schüler notwendig sind, die besondere Schwierigkeiten im Lesen und Rechtschreiben haben." Es geht in diesen Grundsätzen also in erster Linie um Förderung mit dem Ziel der Behebung aller Lese-Rechtschreib-Schwierigkeiten bis zum Ende der Grundschulzeit.

a) Maßnahmen zur Förderung

Nachfolgend werden die Empfehlungen der KMK in den wichtigsten Punkten auszugsweise zitiert.

Allgemeine Maßnahmen im Klassenunterricht

In erster Linie soll ein "sorgfältig durchgeführter *Erstlese- und Schreibunterricht* (...) ein Versagen im Lesen und Schreiben" verhindern (Hervorh. v. Verf.). Dazu sollen die "Individualisierung des Unterrichts (...) durch Binnendifferenzierung und Förderunterricht" dienen. Förderunterricht soll in den Klassen 1 und 2 immer dann eingerichtet werden, wenn Kinder "trotz Binnendifferenzierung (...) besondere Schwierigkeiten im Erlernen des Lesens und Schreibens zeigen".

Von diesen Maßnahmen verspricht man sich, "daß in dem Maße, wie der Erstlese- und Schreibunterricht in den Anfangsjahrgängen der Grundschule systematisch und sachgerecht erteilt wird, die Anzahl derjenigen Schüler sich verringert, die nach der Jahrgangsstufe 2 besonderer Fördermaßnahmen bedürfen".

Zusätzlicher Förderunterricht

"Besondere Fördermaßnahmen bestehen in zusätzlichem Lese- und Schreibtraining"; von speziellen Hilfen, wie Legastheniker sie benötigen, ist nicht die Rede.

Die Förderung kann in den *Klassenstufen 3 und 4* fortgesetzt werden, wenn die Leistungen der Schüler "im Lesen und/oder Rechtschreiben über einen Zeitraum von mindestens drei Monaten hinweg schlechter als ausreichend bewertet werden".

Man muß sich einmal klar machen, was das für ein Kind bedeutet: Erst nach drei Monaten täglichen Versagens *kann* die Schule ihm

100

helfen! Wenn es inzwischen verhaltensgestört wird, legt die Schule ihm auch dies noch zur Last. Dabei könnte ein Rechtschreibtest am Anfang des Schuljahrs seine Förderbedürftigkeit eindeutig erweisen!

In den *Klassen 5 und 6* sind "für Schüler, deren besondere Schwierigkeiten im Lesen und/oder Rechtschreiben bis zum Ende der Grundschule nicht behoben werden konnten" nur noch "die Maßnahmen der Binnendifferenzierung fortzuführen". Nach der 6. Klassenstufe "soll die Schule weiterhin versuchen", noch vorhandene Schwierigkeiten "durch geeignete Maßnahmen zu beheben".

b) Leistungsfeststellung und Zensuren

"Allenfalls bis zur Jahrgangsstufe 6" gilt, daß der Lehrer die Leistungserhebung (Diktat oder Übungsarbeit) "nach seinem pädagogischen Ermessen (...) dem aktuellen Leistungsstand des einzelnen Schülers anpassen" soll.

– "Die Bewertung der Leistungen im Lesen und Rechtschreiben geschieht unter pädagogischen Gesichtspunkten. Das kann z. B. bedeuten:
– die Leistung wird nur verbal und ohne Bezug zum herkömmlichen Notensystem beurteilt,
– die Leistung wird durch Noten und zusätzlich durch eine verbale Aussage beurteilt."

In den Zeugnissen werden Lesen und Rechtschreiben gesondert ausgewiesen, oder sie sind "zurückhaltend zu gewichten".

Eine Bestimmung ist noch hervorzuheben: "Besondere Schwierigkeiten im Rechtschreiben allein dürfen kein Grund sein, bei sonst angemessener Gesamtleistung einen Schüler vom Übergang an eine weiterführende Schule auszuschließen."

c) Kritische Bewertung

Die Probleme des Kindes mit diskrepanten Lernvoraussetzungen werden in diesen Grundsätzen nicht angesprochen, außer in der zuletzt angeführten Empfehlung.

Es hat sich aber gezeigt, daß gerade diese Bestimmung eine folgenlose Absichtserklärung darstellt. Ein Lehrer, der von dem Sachverhalt Legasthenie, d. h. von Schülern mit diskrepanter Begabungsstruktur, nie etwas gehört hat, wird schwerlich erkennen, ob ein Kind nur wegen der Rechtschreibung zu scheitern droht. Infolgedessen kann er auch die Möglichkeiten, die ihm die Grundsätze geben, nicht für ein solches Kind nutzen.

Zum andern aber treten in weiterführenden Schulen ja auch Schwierigkeiten in den Fremdsprachen hinzu. Eine nur ausreichende oder mangelhafte Leistung in Deutsch und Englisch wird bei vielen Lehrern den Eindruck erwecken, die Gesamtleistung sei eben nicht mehr "angemessen", so daß der Übergang eines legasthenischen Schülers am Ende der Orientierungsstufe dann doch nur in die Hauptschule möglich ist. Konkrete Beispiele dafür kennen wir aus Bayern, Berlin, Niedersachsen: Länder, in denen die Erlasse den KMK-Grundsätzen angeglichen wurden.

Sehr problematisch ist die Bestimmung, wonach in den Klassen drei und vier die Förderung erst einsetzen soll, nachdem das Kind über mindestens drei Monate hinweg schlechter als ausreichend bewertet wurde.

Seit den Reformbemühungen der 70er Jahre sind sich Pädagogen und Psychologen darin einig, daß ein längerfristiges Versagen die ungünstigsten Folgen für die Leistungs- und Persönlichkeitsentwicklung von Kindern hat und daher unbedingt vermieden werden muß.

Wenn ein Kind in der 3. oder 4. Klasse ein Vierteljahr lang versagt, dann muß man entweder vorher beide Augen davor verschlossen haben, daß dieses Kind schon im 1. und 2. Schuljahr Schwierigkeiten hatte. In den seltensten Fällen tritt das Versagen nach zwei oder drei Schuljahren spontan auf. Ist aber die zu schwache Leistung bereits aus der ersten und zweiten Klasse bekannt – mit welcher pädagogischen Begründung sollte das Kind drei weitere Monate ohne gezielte Hilfe bleiben und gar noch die "schlechten Noten" erhalten?

2. Welche Hilfen im Schulsystem werden legasthenischen Kindern gerecht?

In den Empfehlungen der Kultusministerkonferenz wird die Zielsetzung der schulischen Maßnahmen unter Punkt 1 folgendermaßen beschrieben:

"Das Lesen und Schreiben zu lehren gehört (...) zu den Hauptaufgaben der Grundschule und es ist ihre pädagogische Aufgabe, dafür zu sorgen, daß möglichst wenige Schüler gegenüber diesen Grundforderungen versagen."

Diese erste und allgemeine Aufgabe der Grundschule reicht aber nicht aus, um allen Kindern mit fortbestehenden Rechtschreibschwächen am Ende der Grundschulzeit Schullaufbahnen zu ermöglichen, die ihren allgemeinen Lernmöglichkeiten entsprechen. Rechtschreibschwierigkeiten sind nach wie vor der häufigste Grund für die Deutschnote 5 und für allgemeines Schulversagen in Realschulen und Gymnasien trotz an sich ausreichender Intelligenz. Wünschenswert ist daher eine Ergänzung der Zielsetzung für die Grundschule durch Formulierungen, wie sie im Erlaß von Schleswig-Holstein gefunden wurde:

> "Die nachfolgenden Bestimmungen (...) haben das besondere Ziel, die vorhandenen Begabungen zu entwickeln, den Schülern eine ihrem individuellen Leistungsvermögen angemessene Schullaufbahn zu ermöglichen und die Lese-Rechtschreibschwierigkeiten bzw. Lese-Rechtschreibschwäche (Legasthenie) im Laufe der Schulzeit durch entsprechende Hilfen weitgehend zu beheben."

Erst beide Zielsetzungen gemeinsam vermitteln den Schulen das notwendige Problemverständnis. Sie stärken die Erwartung, daß es lese-rechtschreibschwache Schüler gibt, deren neurobiologische Schwächen über die Grundschulzeit hinaus fortbestehen. Damit kann sich das Verständnis verbinden, daß man diesen Schülern mit spezifischen Methoden helfen muß, beim Erlernen des Lesens und Schreibens ihre Schwächen zu kompensieren. Mit diesen Zielsetzungen ist zugleich ausgesagt, daß die betroffenen Kinder nicht "allgemein schwach leistungsfähig" (dumm) und nicht faul sind, auch wenn ihre Lese- und Rechtschreibleistung sich nur langsam bessert.

Unter der Voraussetzung eines solchen Problemverständnisses müssen nur wenige konkrete Regelungen gefunden werden.

a) Früherfassung und Förderung in der Grundschule

Die Grundschule kann ihre Aufgabe nicht erfüllen, wenn sie nicht spätestens am Ende der ersten Klasse feststellt, welche Kinder das Ziel, lautgetreue Wörter selbständig und fehlerfrei zu erlesen und aufzuschreiben, noch nicht erreicht haben. Mit einer Diagnostischen Bilderliste können diese Kinder erkannt werden. Nötig sind dann allerdings, entsprechend dem Schweregrad des Versagens, gestufte Hilfen:

- Förderung innerhalb der eigenen Schule in einer *Kleingruppe*, in der mindestens dreimal pro Woche mit Lautgebärden zunächst mit zweisilbigen lautgetreuen Wörtern ohne Dehnung, Dopplung und Konsonantverbindungen das Lesen aufgebaut wird.
- Wenn deutlich wird, daß diese Hilfe nicht ausreicht oder bereits aus der Bilderliste ein erheblicherer Schweregrad zu erkennen ist, sollten für diese Kinder *Intensivmaßnahmen* von drei bis sechs Monaten eingerichtet werden. Die Kinder besuchen diese Maßnahmen gastweise und kehren danach in ihre Klasse zurück.
- Schüler, die in einer Intensivmaßnahme nicht einen durchschnittlichen Leistungsstand (mindestens Prozentrang 25) erreichen konnten, bedürfen einer längerfristigen intensiven Förderung, wie ihn nur die *LRS-* oder *Lese-Klasse* bieten kann. Die Gefahr, daß diese Kinder in ihrer eigenen Klasse auf dem unterdurchschnittlichem Leistungsstand stehenbleiben, den sie am Ende der Intensivmaßnahme erreicht haben, ist zu groß. Ohne weitere intensive Förderung verlassen sie nach unseren Erfahrungen die Schule als funktionale Analphabeten, denn das Lesenlernen sehen die Stoffpläne der Grundschulen und der weiterführenden Schulen nach der zweiten Klassenstufe nicht mehr vor.

b) Förderung während der Grundschulzeit

Wenn legasthenische Schüler das Lesen erlernt haben, reicht eine Förderung der Rechtschreibung in einer Kleingruppe aus. Allerdings sollte in dieser Förderung das gedehnte, silbenweise Mitsprechen beim Schreiben eingeübt werden (Hackethal 1995; Reuter-Liehr 1992). Zudem ist ein stufenweises Vorgehen nötig: zunächst lautgetreue Wörter ohne Dehnung und Dopplung, dann Einüben von Ableitungen, danach Dopplung und Dehnung.

Erfolge in der Förderung müssen durch den Notenschutz begleitet und gestützt werden. Das heißt: Zu viele Rechtschreibfehler dürfen im Aufsatz, bei der Festsetzung einer Deutsch-Note und in anderen Fächern nicht mitbewertet werden.

c) Hilfen zur Sicherung der Schullaufbahnen

Sofern während der Grundschulzeit am Ende eines jeden Schuljahres Überprüfungen der ungeübten Rechtschreibung vorgenommen werden (in der Regel durch Rechtschreibtests), zeigen sich zunehmend legasthenische Kinder, die zwar lesen gelernt haben und die auch in den Rechtschreibtests nicht die schwächsten Leistungen erreichen, die aber aufgrund ihrer sonstigen Schulleistungen für eine Realschule oder ein Gymnasium geeignet erscheinen. Um in diesen Fällen die Schullaufbahn entsprechend der allgemeinen Lernfähigkeit der Kinder zu sichern, sind die folgenden Maßnahmen nötig:

- Intelligenztests als Grobsiebverfahren gegen Ende der 3. Klasse (nicht erst in der 4. Klasse), um im Vergleich mit dem Rechtschreibtest die Schüler herauszufinden, bei denen Rechtschreibung und Intelligenztestergebnis im Sinne einer Legasthenie-Diagnose deutlich unterschiedlich ausfallen. Diese Grobdiagnose sollte in Zweifelsfällen durch Einzeluntersuchungen (vom Schulpsychologischen Dienst oder durch Kinderpsychologen/Kinderneurologen) genauer abgeklärt werden.
- Information der Eltern und der Schüler selbst über die Leistungsdiskrepanzen (bessere Intelligenz – schwächere Rechtschreibleistung) und ihre möglichen Ursachen.
- Rechtschreibförderung dieser "Diskrepanzschüler" mit den bereits angesprochenen spezifischen Methoden während der 4. Klasse. Notenschutz, d. h. Nichtbewertung der Rechtschreibung in allen schriftlichen Arbeiten, damit die Fachleistungen des Kindes deutlich erkennbar bleiben.
- Zulassung dieser Schüler zu der Schulform, für die ihre Intelligenz spricht. Nach Eintritt in die weiterführende Schule sollte der Notenschutz der Grundschulzeit fortgesetzt werden. Während der 5. und 6. Klasse müßte – für die Schulen verbindlich – weiterhin spezifische Förderung erteilt werden, auch in der ersten Fremdsprache. Nach der 6. Klassenstufe sollten die Schüler gelernt haben, wie sie selbständig weiterüben können. Da die Schule nun keine Förderstunden mehr erteilt, bleibt der Notenschutz die einzige und daher besonders notwendige Fördermaßnahme.

d) Sonderregelung für alle rechtschreibschwachen Schüler der Hauptschule

In den Hauptschulen finden sich überwiegend Schüler mit knapp durchschnittlicher Begabung, die allein aus diesem Grund schwächere Rechtschreibleistungen haben können. Es gehen aber auch legasthenische Schüler in die Hauptschule, sofern nämlich der Schweregrad ihrer Lese- und Rechtschreibschwächen trotz der Förderung während der Grundschulzeit erheblich bleibt. Das trifft vor allem auf Schüler mit erheblichen Geburtsrisiken zu.

Daher sollten zu schwache Rechtschreibleistungen in der Hauptschule grundsätzlich nicht benotet werden. Hauptschüler – ob sie im engeren Sinne legasthenisch sind oder nicht – können ihre Rechtschreibleistungen nur weiter aufbauen und verbessern, wenn ihre individuellen Fortschritte betont werden und nicht ihr Versagen im Vergleich zum Durchschnitt der Klassenstufe.

e) Zusätzliche Hilfen als Nachteilsausgleich in Realschulen und Gymnasien

Für Legastheniker in Realschulen und Gymnasien, die keine grundlegenden Leseprobleme mehr haben, wohl aber noch unter Genauigkeitsfehlern und verlangsamtem Lesetempo leiden können, sind je nach individuellem Bedarf eine Reihe weiterer Hilfen nötig: In diesen Fällen sollten schriftliche Aufgabenstellungen auf ein Tonband gesprochen werden, so daß die Schüler/innen die entsprechenden Texte zugleich lesen und hören können. Dadurch sind Zeitverluste infolge von Lesefehlern und Panik in der Prüfungssituation vermeidbar.

Bei verlangsamtem Schreibtempo, das sich zusätzlich leistungshemmend auswirkt, müßte man betroffenen Schüler/innen erlauben, ihre Arbeiten auf einer elektrischen Schreibmaschine zu schreiben.

Wenn mündliche Leistungen deutlich besser gelingen als schriftliche, sollten legasthenische Schüler/innen ihre Aufsätze bzw. Antworten zu schriftlich gestellten Fragen in Sachfächern zunächst auf ein Tonband sprechen dürfen, um anschließend das Tonband abschnittsweise abzuhören und die Texte danach in Schrift zu übertragen.

Nicht zuletzt sollte Legasthenikern der Sekundarstufen I und II im Anschluß an ihre schriftlichen Arbeiten zusätzliche Zeit für die nachträgliche Kontrolle gegeben werden. Auf diese Weise können sie sich zunächst voll den inhaltlichen Problemen zuwenden, um anschließend auf die Formalien wie Satzstellung, Rechtschreibung und Zeichensetzung zu achten. Da sie nicht durchgehend automatisiert schreiben wie andere Schüler/innen ihres Alters, gelingt es ihnen nicht, schon während des Schreibens zugleich die formalen Probleme zu lösen.

3. Exkurs: Hilft die Rechtschreibreform legasthenischen Schülern?

Die Rechtschreibreform bringt im wesentlichen Veränderungen in fünf Bereichen:

1. bei der S-Lautschreibung: ss statt ß nach kurzem Vokal;
2. Orientierung an der Schreibung des Stamm-Morphems bei einer Reihe von Wörtern, die bisher abweichend geschrieben wurden (belämmert statt vorher belemmert);
3. gewisse Erleichterungen bei der Groß- und Kleinschreibung (Rad fahren, Rad schlagen);
4. Vereinfachung der Regeln für die Getrennt- und Zusammenschreibung;
5. Vereinfachung der Komma-Regeln.

Hinzu kommen einige wenige Trennungsregeln: Wörter wie Leistung dürfen nunmehr entsprechend der Silbengliederung getrennt werden: Leis-tung. Dagegen ist zukünftig vor dem ck zu trennen. Damit steht einer Vereinfachung eine Erschwernis gegenüber, denn die "Dopplung" ck wird nicht, wie andere Dopplungen, getrennt. Sinnvoller wäre eine Regelung, nach der das ck als reguläre Dopplung, nämlich mit kk zu schreiben und wie andere Dopplungen zu trennen wäre.

Für Legastheniker, soweit sie mit visuellen und visuomotorischen Teilleistungsschwächen kämpfen, bietet keine Rechtschreibreform eine Erleichterung, weil die Schwierigkeiten der Kinder schon auf der Buchstabenebene beginnen. Legasthenikern, denen vor allem die Unterscheidung ähnlicher Laute sowie kurzer und langer Vokale schwerfällt, kann eine Rechtschreibreform gleichfalls keine Erleichterung bringen.

Soweit legasthenische Schüler, wenn sie älter sind, über logische Regeln zu kompensieren versuchen, bietet die konsequente

Beachtung von Ableitungen vom Wortstamm und die neue S-Laut-Regel sicherlich Erleichterungen. Die Anzahl der Wörter mit entsprechend korrigierten Schreibungen nach dem Prinzip des Wort-Stammes ist allerdings gering. Außerdem: Wann schreibt man schon ein Wort wie "belämmert"?

Die S-Lautregelung kann als logische Verbesserung gelten: Statt Nuß – Nüsse zu schreiben, bleibt es zukünftig bei der Regel "Beibehaltung der Schreibung des Stamm-Morphems": Nuss – Nüsse. Damit gilt die Regel "Dopplung nach Kurzvokal" nun auch für die S-Laute.

Allerdings kommen bei den unregelmäßigen Verben in Abhängigkeit von der Vokallänge unterschiedliche Schreibungen vor:

beißen – biss – gebissen, fließen – floss – geflossen.

Auch hier muß wieder die Entscheidung "Langvokal oder Kurzvokal" getroffen werden. Schüler, denen diese Unterscheidung schwerfällt, werden daher weiterhin Schwierigkeiten haben. Und das Problem mit das oder daß bleibt bestehen, auch wenn ß künftig durch ss ersetzt wird.

Die Vereinfachung der Regeln zur Großschreibung stellt für ältere legasthenische Schüler noch am ehesten eine wirkliche Hilfe dar. Einige Entscheidungen, die bisher während des Schreibens nötig waren, bleiben ihnen zukünftig erspart. Noch hilfreicher wäre allerdings die Einführung der gemäßigten Kleinschreibung gewesen.

Kommaregeln werden im normalen Schreibfluß nur von wenigen Menschen genutzt. Zumeist setzt man die Zeichen nach dem Sprachgefühl, das von Melodie und Rhythmus der Sprache bestimmt wird. Legasthenische Schüler können auf diesen Lösungsweg nicht zurückgreifen, wenn sie Teilleistungsschwächen der melodischen und rhythmischen Differenzierung haben. Auch in diesen Fällen führen die neuen Regeln demnach nicht zu einer Erleichterung.

Im übrigen wäre legasthenischen Schülern am ehesten geholfen, wenn die Rechtschreibung – gleichgültig nach welchen Regeln – in der Schule zwar gelehrt würde, die Rechtschreibnote aber, wie die Schriftnote, in keine Fachnote einginge und auch nicht versetzungsrelevant wäre. Das würde auch die Position des legasthenischen Schülers als ein vermeintlich durch den Notenschutz "bevorzugten" Kindes aufheben.

4. Schlußwort

Angesichts der Erlaßregelungen der Bundesländer, die überwiegend den KMK-Empfehlungen folgen, fehlt im allgemeinen in den Schulen der Blick für Kinder mit Leistungsdiskrepanzen. Daher sind Eltern nach wie vor weitgehend darauf angewiesen, in Einzelgesprächen mit den Lehrkräften pädagogisches Verständnis für die besondere Situation ihres Kindes zu wecken und sie zu bewegen, bei der Leistungsbewertung und im Umgang mit dem Kind ihren pädagogischen Ermessensspielraum zu nutzen.

Wo im Anfangsunterricht Leselernhilfen verwirklicht werden und die Rechtschreibleistung während der Grundschulzeit bei schwächeren Schülern nur verbal und mit ermutigenden Formulierungen bewertet wird, ist die psychologische Situation aller lese-rechtschreib-schwachen Kinder als günstig zu beurteilen. Was trotz der Entlastung von "schlechten Noten" allerdings häufig fehlt, ist die spezifische Förderung für Kinder, die Handicaps kompensieren müssen. Aus Veröffentlichungen der jüngeren Lesedidaktiker wird leider auch deutlich, wie viele Kinder – ob Legastheniker oder nicht – in vier Grundschuljahren nicht ausreichend sicher lesen lernen (z. B. Dehn 1988). Andererseits hat sich vielerorts bestätigt, daß die Lautgebärdenhilfen nicht nur Spaß am Lesen vermitteln, sondern auch ein Leselernversagen vermeiden können, abgesehen von Extremfällen.

Kritisch ist die Situation in weiterführenden Schulen, und zwar immer dann, wenn durch den Erlaß des betreffenden Bundeslandes oder individuell bei Lehrkräften der Eindruck besteht, Schüler mit Leistungsdiskrepanzen im Sinne der alten Legasthenie-Definition gebe es nicht. Dann werden betroffene Schüler nach wie vor verunsichert, müssen in eine Schulart mit niedriger Anforderungshöhe wechseln oder bei überdurchschnittlicher Begabung in der Hauptschule bleiben.

Wo andererseits Erlasse den Ausdruck "Legasthenie" benutzen und den Sachverhalt der Schüler mit Leistungsdiskrepanzen beschreiben, wie in Mecklenburg-Vorpommern und Schleswig-Holstein, haben Legastheniker bessere Chancen. In den Erlassen dieser Länder wird die Legasthenie neben anderen Lese-Rechtschreib-Schwächen genannt. Es gibt Angebote der Lehrerfortbildung für die spezifische Förderung. In den 4. Klassen wird ein förmliches Anerkennungsverfahren durchgeführt, das legasthenischen Kindern bei entsprechender intellektueller Leistungsfähigkeit den Besuch von Realschulen bzw. Gymnasien sichern soll.

Im Anschluß an einen Kongress des Bundesverbandes Legasthenie rief mich eine Mutter von drei legasthenischen Söhnen an, sie ist selbst Legasthenikerin, und teilte mir mit großer Freude mit, ihr jüngster Sohn habe sein Staatsexamen im Fach Jura bestanden, nach nur 8 Semestern Studium. In den letzten beiden Jahren sei er bereits von seinem Professor als Tutor für Vorbereitungskurse auf das Staatsexamen eingesetzt worden. Für sie selbst sei dies der glückliche Abschluß eines jahrelangen Kampfes, denn in der 4. Klasse der Grundschule habe der damalige Klassenlehrer zu ihr gesagt: "Dieser Junge soll ins Gymnasium? Nur über meine Leiche!" In der schulpsychologischen Beratung allerdings, wo er getestet worden sei, habe man ihr zur gleichen Zeit Mut gemacht: "Der Junge muß ins Gymnasium, kämpfen Sie!"

Diese beiden Stationen eines Lebensweges, das Ende der Grundschulzeit und das Ende des Studiums, stelle ich ans Ende dieses Buches, weil sie Hoffnung wecken können und den Eltern Mut machen sollen, an ihr Kind zu glauben. Es lohnt den Kampf, nicht nur für die Zukunftsaussichten des Kindes. Auch unsere Gesellschaft braucht die Begabungen der Legastheniker!

VI. Anhang

1. Literaturhinweise

Die nachfolgenden Hinweise beschränken sich auf Bücher mit Aussagen zum Erscheinungsbild der Legasthenie im engeren Sinne, d. h. Leselern- und Rechtschreibschwierigkeiten mit Behinderungscharakter bei sonst besseren Lernmöglichkeiten, und auf solche, die Hinweise auf Methoden und Materialien der Förderung geben.

1. Bücher für Eltern

Dummer-Smoch, Lisa: Spiele I und II zum Kieler Rechtschreibaufbau. (Spiele I: lautgetreue Wörter, Spiele II: Ableitungen, Dopplung und Dehnung). Veris, Kiel 1993

Firnhaber, Mechthild: Legasthenie. Wie Eltern und Lehrer helfen können. Fischer-Taschenbuch, Frankfurt a. M. 1995

Hackethal, Renate: Zehn Schritte zur Rechtschreibung. Eltern-Kind-Intensivkurs. Megalopolis, Schwerin 1995

Hackethal, Renate: Dreizehn Stationen auf dem Weg zum Lesen. Eltern-Kind-Intensivkurs. Megalopolis, Schwerin 1997

Klasen, Edith: Legasthenie – umschriebene Lese-Rechtschreibstörung. Informationen und Ratschläge. Piper, München 1995

Kretschmann, Marlies: So lernst du lesen und schreiben. Ehrenwirth, München 1991

Lohmann, Beate: Müssen Legastheniker Schulversager sein? (3. Aufl.). Ernst Reinhardt, München/Basel 1997

Soremba, Edith-Maria: Legasthenie muß kein Schicksal sein. Herder/Spektrum, Freiburg i. Br. 1995

2. Bücher für Lehrerinnen und Lehrer

Betz, Dieter/Breuninger, Helga: Teufelskreis Lernstörungen. Urban & Schwarzenberg, München 1902

Breuer, Helmut/Weuffen, Maria: Gut vorbereitet auf das Lesen- und Schreibenlernen? (5. Aufl.). Hüthigsche Verlagsanstalt, Berlin/Heidelberg 1981

Breuer, Helmut/Weuffen, Maria: Lernschwierigkeiten am Schulanfang. Beltz, Weinheim 1993

Doering, W./Doering, W. (Hrsg.): Sensorische Integration. borgmann, Dortmund 1990

Doernberg, Gesine: Die Betreuung von Legasthenikern in der Sekundarstufe I. Diesterweg/Österreichischer Bundesverlag, Frankfurt a. M./ Wien 1978

Dummer-Smoch, Lisa: Die Diagnostischen Bilderlisten. Veris, Kiel 1993

Dummer-Smoch, Lisa: Laute, Silben, Wörter. Ein Übungsbuch für die Hand des Kindes. Veris, Kiel 1996

Dummer-Smoch, Lisa/Hackethal, Renate: Kieler Rechtschreibaufbau. Veris, Kiel 1993

Dummer-Smoch, Lisa/Hackethal, Renate: Kieler Leseaufbau. Veris, Kiel 1994

Frostig, Marianne/Müller, Heinrich (Hrsg.): Teilleistungsstörungen. Urban & Schwarzenberg, München 1981

Hackethal, Renate: Praxis zum Kieler Leseaufbau und Kieler Rechtschreibaufbau. Veris, Kiel 1990

Lohmann, Beate: Rechtschreiben = richtig schreiben. Ein Programm für die 3., 4. und 5. Klasse. (2. Aufl.). Ernst Reinhardt, München/Basel 1990

Milz, Ingeborg: Sprechen, Lesen, Schreiben. HVA/Edition Schindele, Heidelberg 1991

Milz, Ingeborg: Rechenschwächen erkennen und behandeln. borgmann, Dortmund 1993

3. Zitiert wurde aus folgenden Büchern bzw. Zeitschriften:

Biscaldi, Monika/Otto, Petra: Legasthenie und Augenbewegungen. In: LRS. Zeitschrift des Bundesverbandes Legasthenie, H. 2, 1995, S. 4–5

Dehn, Mechthild: Zeit für die Schrift. Kamp, Bochum 1988

Holzach, Michael: Deutschland umsonst. Hoffmann und Campe, Hamburg 1982

Kossow, Hans-Joachim: Zur Therapie der Lese-Rechtschreibschwäche. Deutscher Verlag der Wissenschaften, Berlin 1972

Linder, Maria: Lesestörungen bei normal begabten Kindern. Zürich 1962

Meyer, Hans/Meyer, Ruth: Lese-Rechtschreibschwäche und ihre Behandlung im Unterricht. Schroedel, Hannover 1972

Reuter-Liehr, Carola: Lautgetreue Rechtschreibförderung. Dr. Dieter Winkler, Bochum 1992

Rhein, Renate: Wir sind Legastheniker. Schicksale einer benachteiligten Gruppe. Ullstein, Berlin 1982

Schenk-Danzinger, Lotte: Handbuch der Legasthenie im Kindesalter. Beltz, Weinheim 1968

Schenk-Danzinger, Lotte: Legasthenie. Zerebral-funktionelle Interpretation, Diagnose und Therapie. (2. Aufl.). Ernst Reinhardt, München/Basel 1991

Tordrup. S. A./Kluge, K.-J.: Lesestörungen, Leseschwierigkeiten und Leseschwächen bei Grund-, Haupt- und Sonderschülern. Beiträge aus der psychologischen Forschung und schulpädagogischen Praxis in Dänemark. Schindele, Neuburgweier/Karlsruhe 1970

Weiß, Rudolf/Osterland, Jürgen: Grundintelligenztest CFT 20. Hogrefe, Göttingen/Toronto/Zürich 1987

Aufgaben des Bundesverbandes Legasthenie e.V.

Er trägt dazu bei, daß gesetzliche Grundlagen und wissenschaftliche sowie praktische Möglichkeiten der Hilfe in allen Bundesländern verbessert werden. Besondere Bemühungen gelten der Vermittlung von Fachleuten für die Diagnose und für individuelle Förderung.

Er bietet Unterstützung bei den zuständigen Verwaltungsbehörden an, falls legasthene Kinder oder Jugendliche in speziellen Internaten untergebracht werden müssen.

Durch persönliche Beratung, Informationsschriften und Hinweise auf geeignete Literatur sollen die Eltern die Schwierigkeiten ihrer lese- und rechtschreibschwachen Kinder besser verstehen lernen.

Die Eltern werden ermutigt, die bereits bestehenden gesetzlichen Möglichkeiten in Anspruch zu nehmen.

Der Bundesverband Legasthenie dient ausschließlich und unmittelbar gemeinnütziger und mildtätiger Wohlfahrtszwecke ohne konfessionelle oder parteipolitische Bindungen.

Der Bundesverband Legasthenie tauscht mit staatlichen Institutionen, Organisationen und Beratungsstellen, die sich mit Problemen der Legasthenie und verwandten Lern- und Leistungsstörungen befassen, Informationen aus und arbeitet mit diesen Stellen zusammen.

Der Bundesverband Legasthenie fördert durch wissenschaftliche Kongresse und Veröffentlichungen die Forschung und den wissenschaftlichen Dialog unter Fachleuten aller beteiligten Disziplinen. Durch Informationen und Zusammenarbeit mit den Medien macht der Bundesverband Legasthenie die Probleme der Legastheniker in der Öffentlichkeit bekannt.

Mitgliedsbeiträge und Spenden sind steuerlich absetzbar.

Der Bundesverband Legasthenie e.V. (BVL) ist eine Interessenvertretung von Betroffenen und deren Eltern sowie von Fachleuten (Pädagogen, Psychologen, Ärzten und Wissenschaftlern, im sozialen Bereich Tätigen), die sich in Theorie und Praxis mit der Legasthenie auseinandersetzen.

Bundesverband Legasthenie e.V.
Königstraße 32, 30175 Hannover 1, Telefon 0511/31 87 38

Wie zeigt sich Legasthenie?

Wenn Ihr Kind größere Schwierigkeiten beim Erlernen des Lesens zeigt, wenn später das Lesen immer noch sehr unsicher ist und/oder die Rechtschreibung erheblich unter dem Durchschnitt liegt, kann es sich um Legasthenie handeln. Dabei ist nicht ausschlaggebend, ob die Leistungen in den übrigen Fächern und im Rechnen durchschnittlich oder besser sind. Auch diese Leistungen können durch die legasthenen Störungen und ihre Auswirkungen bereits beeinträchtigt worden sein.

Auffälligkeiten bei Kindern, die legastheniegefährdet sind (Früherkennung):

— Hörverarbeitungsschwächen - z.B. können bestimmte Laute nicht ausgesprochen werden (detommen statt gekommen),
— andere Teilleistungsstörungen - z.B. werden im Einschulungsalter Zahlen und Buchstaben häufig spiegelbildlich geschrieben, verdreht oder verwechselt.
— Motorische Unruhe im Vorschulalter, starke Ablenkbarkeit. In diesen Fällen sollte der Kinderarzt aufgesucht werden.
— Linkshändigkeit.
— Gestörte Grob- und/oder Feinmotorik.

Merkmale bei legasthenischen Kindern in der Schule:

— Sie schreiben ungewöhnlich viele Wörter falsch.
— Sie lesen sehr langsam und fehlerhaft.
— Sie ziehen die Buchstaben nicht oder nur sehr stockend zu Wörtern zusammen.
— Sie verwechseln häufig ähnliche Wörter und Buchstaben (ohen statt Ofen, d statt b, g statt d), sie lassen Vokale aus, verwechseln die Buchstabenfolge, verschlucken Endsilben. Viele Wörter erraten sie nur aus dem Sinnzusammenhang.
— Sie hören in den Wörtern die Einzellaute schlecht oder fehlerhaft (Reken statt Regen).
— Sie sprechen und lesen oft sehr undeutlich und ungenau; verschlucken Endsilben und lassen Innenlaute aus.
— Sie können längere Wörter oft nicht genau nachsprechen.

114

3. Wissenschaftlicher Beirat des Bundesverbandes Legasthenie: Legasthenie-Definition, Vorbeugung, Diagnose, Maßnahmen

Definition der Legasthenie mit Erläuterungen
(in der Fassung vom 31. 10. 1987)

Legasthenie ist die Bezeichnung für Schwächen beim Erlernen von Lesen, Schreiben und Rechtschreiben, die weder auf eine allgemeine Beeinträchtigung der geistigen Entwicklung noch auf unzulänglichen Unterricht zurückgeführt werden können.

1.) Kennzeichnend für eine Legasthenie sind weniger Anfangsschwierigkeiten beim Erwerb der Schriftsprache, als eine Diskrepanz zwischen dieser Leistung und den meisten übrigen Lern- und Leistungsmöglichkeiten, sowie das Fortwirken der partiellen Lernschwäche auch nach Verbesserung der Lese- und Rechtschreibleistung. Die Fähigkeiten von Schülern mit Legasthenie werden ihrer Rechtschreibung wegen nämlich häufig unterschätzt, so daß es zu Fehlentscheidungen über Schullaufbahnen kommt.

2.) Die Gründe für das umschriebene Versagen bei der Aneignung von Schriftsprache liegen im wesentlichen in Besonderheiten, die das Kind bereits mit in die Schule bringt. Sie können sowohl aufgrund einer entsprechenden Anlage als auch durch Störungen der Entwicklung des Zentralnervensystems oder durch das Zusammenwirken beider Bedingungen entstehen. Mit den Lese-Rechtschreibschwächen können Teilleistungsschwächen der Wahrnehmung, der Motorik (Bewegungs- und Koordinationsstörungen) der Seitendominanz und/oder Beeinträchtigungen des Spracherwerbs zusammentreffen.

3.) Eine unberücksichtigte, unbehandelte oder nicht fachgerecht behandelte Legasthenie führt in der Regel sowohl zur Ausweitung des Versagens in der Schule auf andere Lernbereiche, als auch zu schwerwiegenden Störungen der Persönlichkeitsentwicklung, vor allem in bezug auf das Selbstwerterleben, soziale Beziehungen und das Arbeits- und Leistungsverhalten (Verlust der Lernmotivation). Eine auf diese Weise ausgeprägte und verfestigte Legasthenie schränkt die Möglichkeiten für eine den sonstigen Fähigkeiten des Schülers angemessene Schulbildung und berufliche Ausbildung sowie für die Eingliederung in die Gesellschaft nicht nur vorübergehend erheblich ein.

Grunderfordernisse zur Abwendung von Beeinträchtigungen der seelischen Entwicklung

Um die Auswirkungen von partiellen Lernschwächen bei der Aneignung der Schriftsprache möglichst gering zu halten und einer ausgeprägten und verfestigten Legasthenie entgegenzuwirken, sind Maßnahmen in Familie, Schule und außerhalb der Schule erforderlich. Für Art und Umfang solcher Maßnahmen sind ausschlaggebend:

- Erscheinungsformen und Ausprägungsgrad der Teilleistungsschwächen sowie ihrer Folgen beim einzelnen Kind.
- Die Bedeutung des umschriebenen Lernversagens für Fremd- und Selbstbewertung unter den jeweiligen Umständen in Schule und Familie.

Der Erfolg der Einflußnahme auf den Verlauf einer Legasthenie hängt ab

- vom frühzeitigen Erkennen der umschriebenen Schwierigkeiten und der zugrundeliegenden Schwächen,
- von einer rechtzeitigen Hilfe durch fachgerechte, individuelle Behandlung,
- von Art und Umfang spezieller schulischer Förderung, von der Berücksichtigung der umschriebenen Schwächen bei der Organisation und Gestaltung des allgemeinen Schulunterrichts,
- von der Zusammenarbeit aller Beteiligten – Kind, Eltern, Erzieher, Lehrer, Psychologen, Ärzte – auf der Grundlage eines gemeinsamen Problemverständnisses.

Die Aufgaben der Schule

Da Leselern- und Rechtschreibschwächen erst im Unterricht der Schule bemerkbar werden, trägt diese ein hohes Maß an Verantwortung sowohl für vorbeugende Maßnahmen als auch für Früherkennung, Förderung und begleitende pädagogische Hilfen.

Allgemeine Vorbeugung:
Vorbeugende Maßnahmen der Schule sollen *allen* Schülern mit Lese- und Rechtschreibschwierigkeiten zugutekommen. Ungeachtet der Ursachen im Einzelfall hat die Schule den Auftrag, "dafür zu sorgen, daß möglichst wenige Schüler gegenüber diesen Grundanforderungen (im Lesen und Schreiben) versagen." (Beschluß der KMK vom 20. 4. 1978, GMBl 1978, S. 338)
Allgemeine Vorbeugung heißt vor allem: Berücksichtigung unterschiedlicher Voraussetzungen für die Aneignung von Schriftsprache. Die Bedeutung und die Auswirkungen von Teilleistungsschwächen können dadurch zum Teil wesentlich gemildert werden. Entsprechende Möglichkeiten und Aufgaben liegen vor allem bei speziell ausgebildeten Grundschullehrern und deren Zusammenarbeit mit den Familien. Es ist notwendig,

- daß der Unterricht im Lesen und Schreiben den Kindern Zeit zur individuellen Aneignung läßt, nach dem Grundsatz schrittweiser Einführung schwieriger Probleme verfährt und dabei vor allem die Mitteilungsfunktion der Schriftsprache betont;
- daß Lehrer und Eltern nicht Fehler herausstellen und zum Vorwurf machen, sondern die Lernfortschritte des einzelnen Kindes bestätigen,

– daß die Schule den Eltern den Leselehrgang und die Notwendigkeit eines individualisierenden Unterrichtsvorgehens erläutert, damit sie ihr Kind ebenfalls bestätigen können, statt seine Lernergebnisse mit denen anderer Kinder zu vergleichen.

Früherkennung im Erstleseunterricht:
Auch, wenn der Lese- und Schreibunterricht nach den o. g. Grundsätzen gestaltet wird, werden sich bei der Beobachtung der Lernprozesse einzelne Kinder erkennen lassen, bei denen die schulischen Hilfen nicht zur völligen Überwindung der Lernschwierigkeiten führen.

Es ist notwendig, die besonderen Schwierigkeiten dieser Kinder und ihre Fähigkeiten so rechtzeitig zu erkennen und zu behandeln, daß ungünstige Auswirkungen auf ihre Lernmotivation, ihr Selbstwerterleben und ihre seelische Entwicklung noch vermieden, zumindest aber verringert werden können. Auf jeden Fall muß bereits zu diesem frühen Zeitpunkt dem Kind eine Erklärung für seine Schwierigkeiten gegeben werden, die es davor bewahrt, sich für dumm oder faul zu halten.

Die Wiederholung der 1. Klasse als einzige Maßnahme bedeutet in der Regel keine ausreichende Hilfe. Vielmehr bedarf es sowohl im Falle der Klassenwiederholung als auch bei einem Übertritt in die zweite Klasse einer speziellen Förderung innerhalb oder außerhalb der Schule.

Förderdiagnostische Klärung:
Es muß unterschieden werden zwischen lediglich klassifizierenden diagnostischen Feststellungen ("Etikettierung") und einer förderungsbezogenen diagnostischen Klärung. Klassifizierende, abgrenzende Feststellungen mögen dazu dienen, Zuordnungen – vor allem unter schul- und sozialrechtlichen Gesichtspunkten – vorzunehmen. Insoweit können sie auch für den einzelnen Schüler begrenzten Nutzen haben. Sie reichen jedoch keineswegs aus, um die jeweils notwendigen und richtigen Wege für die Einflußnahme zu finden, entsprechende Maßnahmen einzuleiten sowie diese fortlaufend zu überprüfen und angemessen zu gestalten.

Eine förderungsbezogene Klärung muß sich auf den gesamten Wirkungszusammenhang körperlicher, seelischer und sozialer Beziehungen erstrecken und dabei sowohl die schulischen als auch die familiären Einflüsse berücksichtigen. Dies kann auf keinen Fall ausschließlich von der Schule geleistet werden. Für eine förderungsbezogene diagnostische Klärung (siehe S. 113) sind nämlich erforderlich:

– Vorgeschichte der körperlichen, geistigen und sozialen Entwicklung, Vorgeschichte der bisherigen Lernverläufe in Kindergarten und Schule
– eingehende Untersuchung der bisher erlangten Lese- und Rechtschreibfertigkeiten, ihrer Besonderheiten und der Aneignungsschwierigkeiten,
– psychologische Untersuchung der allgemeinen Lern- und Leistungsmöglichkeiten,
– Erkundung der emotionalen sowie der sozialen Bedingungen und Auswirkungen der besonderen Lernschwierigkeiten,

- Untersuchung der neuropsychologischen Funktionen im Bereich der visuellen, auditiven und kinästhetisch-taktilen Wahrnehmung, der Motorik und der Integration bzw. der Koordination in beiden Bereichen,
- neurologische und gegebenenfalls neurophysiologische Untersuchung der Funktionen des Zentralnervensystems.

Insbesondere die Schule muß deswegen zur Zusammenarbeit mit außerschulischen Fachleuten (Medizinern verschiedener Fachrichtungen und Psychologen) und Eltern bereit sein.

Spezielle Förderung:
Um Schülern mit nicht nur vorübergehenden Schwierigkeiten im Bereich schriftsprachlicher Leistungen wirksam zu helfen, bedarf es eines speziellen Förderunterrichts.

Von einer besonderen Förderung in der Schule können nur dann Fortschritte erwartet werden, wenn sie bei dem Lernstand ansetzt, an dem für das Kind Erfolge möglich sind. Die unterschiedlichen Formen und Ausprägungsgrade der Legasthenie erfordern unterschiedliches methodisches Vorgehen. Deswegen sollte ein besonderer Förderunterricht nur von Lehrkräften erteilt werden, die eine spezielle Ausbildung haben und über eine entsprechende Methodenvielfalt verfügen. Die unterschiedlichen Ansätze müssen auch bei der Zusammensetzung und dem Umfang der Fördergruppen berücksichtigt werden (Kleingruppen, Einzelunterricht, kleine Leseklassen, Kompaktkurse u. a. m.)

Pädagogische Hilfen:
Berücksichtigung der besonderen Lernschwierigkeiten des Kindes bedeutet vor allem Entlastung von unangemessenen Forderungen, von Mißerfolgserlebnissen und von negativen Selbst- und Fremdbewertungen. Dazu muß insbesondere der Stellenwert der Mängel beim Lesen und Schreiben zurechtgerückt werden. Die nicht meßbaren Eigenschaften des Kindes, seine kreativen und sozialen Fähigkeiten, sowie seine besseren Fertigkeiten müssen beachtet, ihm und seiner Umgebung verdeutlicht und anerkannt werden.

Je nach dem Ausmaß des Versagens sind weitere pädagogische Maßnahmen zur Stützung der individuellen Lernfortschritte im Förderunterricht notwendig. Dazu zählen:

- Vermeiden von Bloßstellung durch lautes Vorlesen vor der Klasse,
- Mitschreiben des Klassendiktats nur zu einem Teil (z. B. zur Hälfte), oder Bearbeitung von Übungsaufgaben anstelle des Diktats,
- Ersetzen der Diktatbenotung durch anerkennende Beschreibung der individuellen Lernfortschritte im Förderunterricht,
- Erleichterungen bei den Hausaufgaben in Absprache mit den Eltern,
- Erleichterungen bei Textaufgaben in Mathematik und den Sachfächern. (z. B. sollten Texte vom Lehrer auf Kassette gesprochen werden, damit das Kind beim Lesen der Aufgaben zugleich mithören und dadurch Verständnisfehler vermeiden kann).

Die Aufgaben schulunabhängiger Fachleute

Nicht in den Aufgabenbereich der Schule fallen Früherkennung im Vorschulalter, diagnostische Klärungen, soweit sie über die Anwendung von Schulleistungstests hinausgehen, sowie Behandlungen bei erheblichen Schweregraden der Legasthenie oder bei sekundären Verfestigungen des Erscheinungsbildes.

Früherkennung im Vorschulalter:
Bei einem Teil der betroffenen Kinder lassen sich umschriebene Beeinträchtigungen (Teilleistungsschwächen), die später das Erlernen des Lesens und Schreibens erschweren, auch schon im Vorschulalter erkennen und berücksichtigen. Das ist besonders dann der Fall, wenn sie sich bereits auf den Erwerb der Lautsprache und des motorischen Geschicks ausgewirkt haben. Rechtzeitige diagnostische Klärung und gegebenenfalls eine spezifische Einflußnahme hängen von der Aufmerksamkeit der Allgemein- und Kinderärzte – insbesondere bei den Vorsorgeuntersuchungen –, der Fachkräfte in Erziehungsberatungsstellen, der Krankengymnastinnen, nicht zuletzt der Erzieherinnen in Kindertageseinrichtungen (Kindergärten, Horte) ab.
  Pädagogische Förderung und spezifische Übungsbehandlungen müssen neben der Sprache und der Motorik in gleicher Weise die Wahrnehmungsbereiche, deren Verknüpfung und die sensomotorische Koordination berücksichtigen.

Diagnostische Klärungen:
Mit ihren begrenzten Möglichkeiten wird die Schule in der Regel nur einfache, diagnostische Abgrenzungen vornehmen und Ansätze für die schulische Lese- und/oder Rechtschreibförderung finden können.
  Bei allen Schulkindern, die mit Leselern- und Rechtschreibproblemen auffallen, muß darüberhinaus unbedingt geklärt werden, ob bis dahin unerkannt gebliebene Seh- oder Hörbehinderungen vorliegen. Danach erst sind die unter 2.1.3 aufgeführten fachärztlichen und psychologischen Untersuchungen vorzunehmen. Die vollständige diagnostische Klärung erfordert die Zusammenarbeit verschiedener Fachrichtungen untereinander sowie mit Eltern und Schule.

Notwendigkeit und Formen außerschulischer
Behandlungsmaßnahmen:
Auf der Grundlage umfassender diagnostischer Ergebnisse muß für jedes Kind mit ausgeprägter Legasthenie ein individueller Behandlungs- und Förderplan erstellt und fortlaufend überprüft werden. Ein solcher Plan muß einschließen:

– Information und Beratung der Eltern, der Lehrer und des Kindes,
– Berücksichtigung der besonderen Lernschwächen des Kindes in Familie und Schule,
– besondere Förderung innerhalb der Schule,
– therapeutische Maßnahmen außerhalb der Schule.

Je nach Ausprägungsgrad und Auswirkungen der Legasthenie sind dafür unterschiedliche Organisationsformen notwendig, aus denen sich – wie die folgende, vereinfachende Übersicht erkennen läßt – auch unterschiedliche Aufgabenverteilungen ergeben:

Zustand des Kindes	Maßnahme
Geringe Teilstörung, keine Verfestigung, keine sekundären emotionalen Störungen	Beratung der Eltern und Lehrer. Schulinterne Individualisierung des Lernvorgangs.
Deutliche Teilleistungsstörungen, keine Verfestigung, keine sekundären emotionalen Störungen	Beratung der Eltern und Lehrer. Spezielle, schulinterne Förderung möglich, nicht immer ausreichend
Deutliche Teilleistungsstörungen, noch keine Verfestigung, deutliche sekundäre, emotionale Störungen.	Beratung der Eltern und Lehrer. Schulexterne Behandlung, u. U. Psychotherapie.
Ausgeprägte Teilleistungsschwächen, deutliche Verfestigung, deutliche sekundäre, emotionale Störungen.	Beratung der Eltern und Lehrer. Schulexterne Behandlung, u. U. Internatsunterbringung mit Psychotherapie und/oder entsprechender Behandlung

Ambulante Behandlungsmaßnahmen:
Therapeutische Maßnahmen, wie sie wegen schwerer Ausprägungsgrade einer Legasthenie, erfolgloser schulischer Förderung, insbesondere aber bei deutlichen Auswirkungen auf die seelische Entwicklung notwendig werden, müssen das gesamte Bedingungsgefüge berücksichtigen, in dem dieser Ausprägungsgrad entstanden ist, und bei den gegenwärtigen Bedingungsschwerpunkten ansetzen. Häufig werden die Beeinträchtigungen des Selbstvertrauens, die negative Gefühlsbesetzung von Lesen und Schreiben sowie die daraus folgenden Vermeidungen bei der therapeutischen Einflußnahme ganz im Vordergrund stehen. Dies kann bedeuten, daß zunächst psychotherapeutische Verfahren einzusetzen sind. In der Regel muß die Familie in die Behandlung einbezogen werden.

Im Zuge der Wiederherstellung der Lernfähigkeit und -motivation können und müssen dann mit dem Kind individuelle Aneignungswege für Lesen und Schreiben entwickelt werden. Sie sollen möglichst weitgehend den beim Kind festgestellten umschriebenen Lernschwächen entsprechen. Dazu verhilft ein vielfältiges methodisches Vorgehen.

Stationäre Behandlungsmaßnahmen:
Schüler mit schwerwiegender Ausprägung der Legasthenie und dementsprechenden Beeinträchtigungen ihrer seelischen Entwicklung können oft für einen längeren Zeitraum, manchmal für die Dauer ihrer Schulpflicht, nicht in einer Regelschule unterrichtet werden. Als stationäre

Maßnahmen kommen dann, je nach den Bedingungen des Einzelfalls infrage:

- die zeitlich begrenzte Behandlung in einer Klinik oder Abteilung für Kinder- und Jugendpsychiatrie,
- ein Kuraufenthalt mit spezieller Förderung,
- die Aufnahme in ein Internat mit speziellem schulischen, heilpädagogischen und therapeutischen Angebot.

Hilfen nach §§ 39ff. BSHG (Bundessozialhilfegesetz)*

Eine Legasthenie allein stellt noch keine wesentliche körperliche, geistige oder seelische Behinderung dar. Soweit schulische Maßnahmen ausreichen, das Kind vor der Ausweitung des Versagens auf andere Lernbereiche und vor Selbstwertproblemen zu bewahren, sowie ihm zu einer ausreichenden Leseleistung und zu einer seiner Begabung angemessenen Schullaufbahn zu verhelfen, brauchen außerschulische Hilfen nicht in Anspruch genommen werden.

Ist aber die Legasthenie nicht rechtzeitig erkannt oder nicht fachgerecht behandelt worden, und drohen bereits sekundäre Störungen des Lernverhaltens und der Leistungsmotivation und/oder der Persönlichkeitsentwicklung, dann ist der Schüler unmittelbar von einer seelischen Behinderung bedroht.

In diesem Fall bedarf es außerschulischer Maßnahmen, die nach § 39 Abs. 2 BSHG zu gewähren sind, weil allein Maßnahmen der vorbeugenden Gesundheitshilfe oder der Krankenhilfe (§§ 36, 37 BSHG) nicht ausreichen, den Eintritt einer seelischen Behinderung abzuwenden. Die außerschulischen Maßnahmen können ambulante oder stationäre Maßnahmen sein.

Hat die Legasthenie schon zu einer seelischen Störung geführt, so kann diese eine nicht nur vorübergehende Beeinträchtigung der Fähigkeiten zur Eingliederung in die Gesellschaft (Bildungs-, Beschäftigungs- und Ausbildungsbereich) in erheblichem Umfang zur Folge haben. Auch in diesem Fall bedarf es außerschulischer (ambulanter oder stationärer) Maßnahmen, die nach §§ 39ff. BSHG zu gewähren sind.

Grundsätzliche Bemerkungen

Alle Maßnahmen sollen dazu dienen, jungen Menschen mit einer besonderen Lernschwäche Bildungsmöglichkeiten zu eröffnen, die ihrer Begabung entsprechen und sie vor Beeinträchtigungen ihrer seelischen Entwicklung zu bewahren.

Information und Beratung aller Beteiligten, einschließlich des Kindes selbst sollen über die Entstehungsbedingungen und die Art der Legasthenie des Kindes aufklären und Verständnis für die damit verbundenen Wechselwirkungen innerhalb der Familie und der Schule herbeiführen.

* Nach Gesetzeslage von 1988 ist jetzt das Kinder- u. Jugendhilfe-Gesetz anzuwenden (§ 35 KJGH).

4. Wortlaut der Empfehlungen der Kultusministerkonferenz (KMK)

Gemeinsames Ministerialblatt, 29. Jg. Nr. 21 vom 30. Juni 1978

Grundsätze zur Förderung von Schülern mit besonderen Schwierigkeiten beim Erlernen des Lesens und Schreibens

– Beschluß der KMK vom 20. 4. 1978 –

Es gibt Schüler, die besondere Schwierigkeiten im Lesen und Rechtschreiben haben. Ausmaß, Erscheinungsbild, Zustandekommen und Folgen solcher Schwierigkeiten wurden in den letzten Jahren unter der Bezeichnung "Legasthenie" ausführlich diskutiert und untersucht. Die umfangreiche pädagogische, psychologische und medizinische Forschung auf diesem Gebiet hat noch viele Fragen offen gelassen. Unbestritten ist jedoch, daß Fördermaßnahmen für Schüler notwendig sind, die besondere Schwierigkeiten im Lesen und Rechtschreiben haben.

Die nachstehenden Grundsätze sollen dazu beitragen, die von den Kultusverwaltungen getroffenen Regelungen der Fördermaßnahmen für Schüler mit besonderen Schwierigkeiten im Lesen und Rechtschreiben einander anzugleichen und zu verbessern und damit für diese Schüler bessere Chancen zu schaffen, auftretende Schwierigkeiten beim Erlernen des Lesens und Rechtschreibens zu überwinden.

1. Lesen- und Schreibenlernen als Aufgabe der Schule

Die Beherrschung der Schriftsprache kommt für die sprachliche Verständigung, für den Erwerb von Wissen und Information, für den Zugang zum Beruf und für das Berufsleben besondere Bedeutung zu. Das Lesen und Schreiben zu lehren gehört daher zu den Hauptaufgaben der Grundschule, und es ist ihre pädagogische Aufgabe, dafür zu sorgen, daß möglichst wenige Schüler gegenüber diesen Grundanforderungen versagen.

Um besondere Schwierigkeiten im Lesen und Rechtschreiben zu vermeiden oder zu überwinden, ist es nötig:
- diejenigen Fertigkeiten und Fähigkeiten systematisch zu entwickeln, die Voraussetzung für das Erlernen des Lesens und Schreibens sind;
- die Lehrgänge und den Unterricht für das Erlernen des Lesens und Rechtschreibens ständig weiter zu verbessern;
- Schüler zusätzlich zu fördern, die trotz eines fachgerechten Unterrichts besondere Schwierigkeiten beim Erlernen des Lesens und Rechtschreibens haben.

2. Lesen- und Schreibenlernen

2.1. Voraussetzungen

Das Erlernen des Lesens und Schreibens vollzieht sich in einem differenzierten Prozeß. Zu den Voraussetzungen gehören besonders Sprach- und Sprachfähigkeiten, Fähigkeiten der optischen und akustischen Wahrnehmung und Differenzierung, der rhythmischen Gliederungsfähigkeit, des Symbolverständnisses und feinmotorische Fertigkeiten der Hand.

Wichtig sind aber auch allgemeinere Lernvoraussetzungen wie Selbstvertrauen, Freude am Lernen, Konzentrationsfähigkeit, Merkfähigkeit, intellektuelle Neugierde, Denkfähigkeit, Kommunikations- und Kooperationsfähigkeit.

Weil die Schulanfänger unterschiedliche Lernvoraussetzungen mitbringen, hat der Lehrer zu Beginn der Jahrgangsstufe 1 die Ausgangslage der Kinder zu berücksichtigen. Soweit die Kinder die erwarteten Fertigkeiten und Fähigkeiten im Vorschulalter nicht erworben haben, müssen diese im Unterricht systematisch entwickelt werden.

2.2. Unterricht

Ein sorgfältig durchgeführter Erstlese- und Schreibunterricht, in dem die einzelnen Stufen und Phasen des Lese- und Schreiblehrgangs gründlich abgesichert sind, ist die entscheidende Grundlage, ein Versagen im Lesen und Schreiben zu verhindern.

Dabei muß sich der Unterricht an den unterschiedlichen Lernvoraussetzungen, dem individuellen Lernverhalten und Lerntempo orientieren. Der Rechtschreibunterricht sollte in angemessener Weise in den Sprach- und Sachunterricht einbezogen werden. Daneben sollten Versuche angestellt werden, ob sich der Rechtschreibunterricht auf einen Grundwortschatz beziehen kann.

Individualisierung des Unterrichts wird vor allem durch differenzierende Maßnahmen wie Binnendifferenzierung und Förderunterricht erreicht. In den "Empfehlungen zur Arbeit in der Grundschule" (Beschluß der Ständigen Konferenz der Kultusminister der Länder in der Bundesrepublik Deutschland vom 2. Juli 1970) sind die verschiedenen Möglichkeiten der Differenzierung dargelegt.

Förderunterricht sollte in den Jahrgangsstufen 1 und 2 dann angesetzt werden, wenn sich trotz Binnendifferenzierung bei Schülern besondere Schwierigkeiten im Erlernen des Lesens und Rechtschreibens zeigen, sofern nicht eine Sonderschulbedürftigkeit erwiesen ist. Zu empfehlen sind zeitlich begrenzte, in der Zusammensetzung wechselnde Gruppen.

Es ist zu erwarten, daß in dem Maße, wie der Erstlese- und Schreibunterricht in den Anfangsjahrgängen der Grundschule systematisch und sachgerecht erteilt wird, die Anzahl derjenigen Schüler sich verringert, die nach der Jahrgangsstufe 2 besonderer Fördermaßnahmen bedürfen.

3. Fördermaßnahmen

Fördermaßnahmen haben größere Aussicht auf Erfolg, wenn die Ursachen der Lernschwierigkeiten erkannt sind. Die bloße Feststellung des

Ausmaßes von Versagen, zum Beispiel durch normorientierte Tests reicht nicht aus.

Ausgangspunkt für Fördermaßnahmen sind daher die Beobachtungen des Lehrers zu sprachlichen, kognitiven, emotional-sozialen und zum motorischen Entwicklungsstand sowie zur Sinnestüchtigkeit des einzelnen Schülers mit Lernschwierigkeiten.

In einzelnen Fällen wird es nötig sein, die Beobachtungen durch gezielte Untersuchungen zu ergänzen. Soweit der Klassenlehrer/Klassenleiter oder der Fachlehrer für Deutsch Untersuchungen nicht selbst durchführen kann, sollten besonders fachkundige Lehrer (z. B. Förderkursleiter, Beratungslehrer, Sonderschullehrer) damit beauftragt werden. Gegebenenfalls sollten der Schulpsychologe und/oder der Schularzt eingeschaltet werden. In besonderen Fällen sind den Erziehungsberechtigten ohrenärztliche, augenärztliche und andere Spezialuntersuchungen zu empfehlen.

Die pädagogische Entscheidung über die Förderbedürftigkeit des einzelnen Schülers und über Art und Umfang der Fördermaßnahmen trifft im Rahmen der geltenden Bestimmungen die Schule. Die Bestimmungen über die Umschulung/Überweisung in die Sonderschule bleiben davon unberührt.

3.1. Allgemeine Fördermaßnahmen

In den Jahrgangsstufen 3 und 4 sind erforderlichenfalls die Maßnahmen der Binnendifferenzierung fortzuführen.

Die klasseninterne Förderung sollte vor besonderen Fördermaßnahmen in Erwägung gezogen werden, weil

- Schüler mit Lernschwierigkeiten in der gewohnten sozialen Umgebung bleiben;
- sämtlichen Schülern durch Einzel- Partner- und Gruppenarbeit Möglichkeiten zur gegenseitigen Hilfe und zu sozialem Handeln eröffnet werden;
- den Schülern mit Lernschwierigkeiten spezielle Übungen im unmittelbaren Zusammenhang mit dem Deutschunterricht angeboten werden;
- die förderbedürftigen Schüler zeitlich nicht durch zusätzliche Unterrichtsstunden belastet werden.

3.2. Besondere Fördermaßnahmen

Besondere Fördermaßnahmen sollen für Schüler vorgesehen werden, die die Ziele des Lese- und/oder Rechtschreibunterrichts der Jahrgangsstufe 2 noch nicht erreicht haben, sowie für Schüler der Jahrgangsstufen 3 und 4, deren Leistungen im Lesen und/oder Rechtschreiben über einen Zeitraum von mindestens drei Monaten hinweg schlechter als ausreichend bewertet werden. Zur Objektivierung der Leistungsbewertung sind gegebenenfalls auch informelle und standardisierte Tests heranzuziehen.

Besondere Fördermaßnahmen können im klasseninternen, klassenübergreifenden und in Ausnahmefällen in jahrgangsstufenübergreifenden und schulübergreifenden Gruppen durchgeführt werden. Das ist im

Rahmen von Verfügungsstunden oder in zusätzlichen Fördergruppen möglich.

Fördergruppen sollten nach Möglichkeit aus Schülern der gleichen Jahrgangsstufe gebildet werden. Sie sollen in der Regel vier bis acht Schüler umfassen.

Die Zahl der Förderstunden sollte je nach Bedarf zwei bis fünf Wochenstunden betragen. Sie können sowohl parallel zum entsprechenden Regelunterricht der Klasse als auch zusätzlich erteilt werden. Die zusätzliche Belastung des einzelnen Schülers sollte zwei Wochenstunden nicht überschreiten.

Die Zusammenarbeit zwischen Klassenlehrer/Klassenleiter, Fachlehrer für Deutsch und dem Lehrer der Fördergruppe ist eine wichtige Voraussetzung für eine erfolgreiche Hilfe.

Besondere Fördermaßnahmen sind zusätzliches Lese- und Rechtschreibtraining:

– Das Lesetraining dient in Verbindung mit Maßnahmen zur allgemeinen Sprachförderung vor allem dazu, Lesehemmungen abzubauen, die Lesefertigkeit zu steigern und die Schüler zum sinnentnehmenden Lesen zu befähigen. Motivierendes Lesematerial soll zur selbständigen Beschäftigung mit Büchern anregen.

– Das Rechtschreibtraining soll dem Schüler helfen, seine Lücken in der Rechtschreibung zu schließen. Rechtschreibtraining ist umso erfolgreicher, je systematischer es aufgebaut ist. Es umfaßt unter anderem auch Besonderheiten der rechtschreibbezogenen Übungen z.B. Training der Merkfähigkeit, Einüben von Regeln, Wortsammlungen unter Sach- und Rechtschreibgesichtspunkten, Übungen im Benutzen von Wörterbüchern, Ableitung der Rechtschreibung aus der Wortgeschichte und Sammeln von Wortfamilien.

Für Schüler, deren besondere Schwierigkeiten im Lesen und/oder Rechtschreiben bis zum Ende der Grundschule nicht behoben werden konnten, sind in den Jahrgangsstufen 5 und 6 die Maßnahmen der Binnendifferenzierung fortzuführen.

Soweit binnendifferenzierende Maßnahmen, insbesondere bei großen Schwierigkeiten im Rechtschreiben nicht ausreichen, können entsprechende besondere Fördermaßnahmen fortgesetzt werden.

Es ist davon auszugehen, daß durch die Förderung in den Jahrgangsstufen 1 bis 6 Schwierigkeiten im Lesen und Rechtschreiben im wesentlichen behoben sind. Soweit bei einzelnen Schülern besondere Schwierigkeiten im Rechtschreiben auch noch nach Jahrgangsstufe 6 vorhanden sind, soll die Schule weiterhin versuchen, diese durch geeignete Maßnahmen zu beheben.

4. Leistungsfeststellung und -bewertung

Auch Schüler mit besonderen Schwierigkeiten im Lesen und Rechtschreiben unterliegen grundsätzlich den für alle Schüler geltenden Maßstäben der Leistungsbewertung.

4.1. Bei Schülern, für die besondere Fördermaßnahmen vorzusehen sind, gilt – allenfalls bis zur Jahrgangsstufe 6 – zusätzlich folgendes:

4.1.1. Der Lehrer soll nach seinem pädagogischen Ermessen die Leistungserhebung dem aktuellen Leistungsstand des einzelnen Schülers anpassen.

Zur Feststellung des Lernfortschritts sind mündliche und schriftliche Übungen, Klassenarbeiten und informelle Verfahren heranzuziehen, sowie Beobachtungen zu nutzen, wie sich der Schüler beim Lesen und Schreiben verhält und ob und wie er Hilfsmittel (z. B. Wörterbuch, Wörterliste) u. a. Hilfen (z. B. Partner- und Gruppengespräche) nutzt.

4.1.2. Die Bewertung der Leistungen im Lesen und Rechtschreiben geschieht unter pädagogischen Gesichtspunkten. Das kann z. B. bedeuten:
   – die Leistung wird nur verbal und ohne Bezug zum herkömmlichen Notensystem beurteilt;
   – die Leistung wird durch Noten und zusätzlich durch eine verbale Aussage beurteilt.

4.1.3. Diese Prinzipien gelten grundsätzlich auch für die Halbjahres- und Jahreszeugnisse. Sollten Lesen und Rechtschreiben nicht gesondert ausgewiesen werden, sind sie bei der Festsetzung der Deutschnote zurückhaltend zu gewichten.

4.2. Besondere Schwierigkeiten im Rechtschreiben allein dürfen kein Grund sein, bei sonst angemessener Gesamtleistung einen Schüler vom Übergang an eine weiterführende Schule auszuschließen.

4.3. Abgangs- und Abschlußzeugnisse werden nach den für alle Schüler geltenden Bestimmungen erteilt.

5. Zusammenarbeit mit den Erziehungsberechtigten

Die Erziehungsberechtigten von Schülern mit besonderen Schwierigkeiten im Lesen und Rechtschreiben sollen über Erscheinungsformen und Ursachen der Schwierigkeiten und die Möglichkeit, sie zu überwinden, informiert werden. Ihnen sind Hinweise auf die jeweils angewandte Lese- und Rechtschreibmethode, auf die besonderen Lehr- und Lernmittel, auf häusliche Übungsmöglichkeiten, geeignete Fördermaterialien, Motivationshilfen und Leistungsanforderungen zu geben. Die Erziehungsberechtigten sind über schulische Fördermaßnahmen und deren Verlauf frühzeitig zu unterrichten. Im Einzelfall sollten Hinweise für eine psychologische Untersuchung gegeben werden.

6. Lehreraus- und Lehrerfortbildung

Die Vermittlung der Fähigkeiten, Schüler mit besonderen Schwierigkeiten im Lesen und Rechtschreiben zu fördern, gehört zu den Aufgaben der Lehrerbildung.

Das bedeutet für

– das Studium:
Jeder für den Unterricht in der Grundschule ausgebildete Lehrer sollte eine gründliche Ausbildung in der Didaktik und Methodik des Erstlese- und Erstschreibunterrichts unter Berücksichtigung der Problematik von Lernschwierigkeiten erhalten.

– den Vorbereitungsdienst:
Der Anfangsunterricht im Lesen und Schreiben in den Jahrgangsstufen 1 und 2 sollte ein Pflichtteil der unterrichtspraktischen Ausbildung der Lehrer für die Grundschule sein. Daneben sind Veranstaltungen zur Erkennung und Förderung von Schülern mit besonderen Schwierigkeiten im Lesen und in der Rechtschreibung für Lehrer der Grundschule anzubieten.

– die Lehrerfortbildung:
Neben Kursen zur Didaktik und Methodik des Erstlese- und Erstschreibunterrichts sollen Veranstaltungen zur Erkennung und Förderung von Schülern mit besonderen Schwierigkeiten im Lesen und Rechtschreiben durchgeführt werden.

5. Beschreibung der Lautgebärden

Vorbemerkungen

Rechtshänder arbeiten mit der rechten, Linkshänder mit der linken Hand. Die Gebärden werden in Gesichtshöhe ausgeführt, so daß sie nicht nur als Bewegung wahrgenommen, sondern nach Möglichkeit auch mit den Augen verfolgt werden können.

Im nachfolgenden Text benutzen wir die Schreibweise /a/ , wenn der gesprochene Laut gemeint ist, **A** oder **a** , wenn es um den Buchstaben geht.

Mit diesem Lautgebärdensystem wird auch im "Kieler Leseaufbau" (Dummer, Hackethal 1984) gearbeitet. Dort ist eine stufenweise Einführung der Laut-Buchstabenverbindungen in Verbindung mit Schwierigkeitsstufen der Wortstruktur beschrieben.

Vokale und Diphthonge

A: Mit Zeigefinger und Daumen beider Hände formt man ein Dreieck, dessen Grundlinie die beiden Daumen bilden. Damit wird angedeutet, daß der Mund beim Sprechen des /a/ genau so weit offen ist. Außerdem erinnert das Dreieck an das große gedruckte **A** .

E: Beim Sprechen des /e/ wird der Mund ganz breit. Wir verlängern diese Breite, indem wir Daumen und Zeigefinger der rechten (bei Linkshändern der linken) Hand weit auseinanderspreizen und in der Höhe des Mundes vor das Gesicht halten.

I: Mit dem Zeigefinger tippen wir oben auf die Mitte des Kopfes. Damit deuten wir den **i**-Punkt an, der oben auf dem Buchstaben nicht vergessen werden darf.

O: Der Zeigefinger beschreibt um den rund geformten Mund beim Sprechen des /o/ einen Kreis.

U: Der Zeigefinger tippt einmal von unten gegen das Kinn.

Ei: "ein Baby streicheln" – kurze Streichelbewebung an der Wange.

Au: "ein Hund hat eine schmerzende Pfote" – der Unterarm zeigt waagerecht nach vorn, die Hand hängt locker herunter. Kurze Schüttelbewegung nach unten, vom Unterarm ausgehend.

Die "dehnbaren" Konsonanten

M: Zeige-, Mittel- und Ringfinger liegen auf den geschlossenen Lippen. Das Kind soll versuchen zu spüren, daß der Luftstrom durch die Nase und nicht durch die Lippen geht. Die drei Finger deuten zugleich auf die drei "Beinchen" des kleinen **m** .

R: Beide Hände sind zur Faust geschlossen, die Zeigefinger waagerecht ausgestreckt. Sie kreisen umeinander, wie beim "**Rr**rollen".

S: Die rechte Hand ist zur Faust geschlossen, der Zeigefinger ausgestreckt. Der Ellenbogen wird nach außen geführt, so daß dann der Zeigefinger etwa in Taillenhöhe am Körper vorbeisausen kann: ein Auto **sss**aust vorbei!

L: Die Hand schließt sich am Kinn um einen imaginären langen Bart und streicht an ihm entlang nach unten – "**lll**anger Bart".

N: Zeige- und Mittelfinger werden an den gleichseitigen Nasenflügel gelegt. Die beiden Finger deuten zugleich auf die zwei "Beinchen" des kleinen **n** .

F: Die Fingerkuppe des Zeigefingers wird gegen die Unterlippe gedrückt. "Über den Finger pusten" ist die Vorstellung, die man damit verbindet. Damit wird zugleich der Ort der Lautbildung bewußt gemacht.

H: Die Handfläche wird wie ein Spiegel vor das Gesicht gehalten. Man haucht in den Spiegel hinein. Manche Kinder hören diesen Laut nicht recht. Dann empfiehlt es sich, zunächst mit einem richtigen Spiegel zu arbeiten und diese Erfahrung später auf die Hand zu übertragen.

Zusätzlich zu diesen ersten Buchstaben-Lautverbindungen sollte man sehr bald die Endungen **-en** und **-er** einführen. Den Kindern erläutert man, daß diese Endungen "uns so leicht entwischen". Daher nehmen wir ein Geheimzeichen, das das Festhalten andeutet.

-en: Bei der Endung **-en** haben wir durch das kleine **n** zwei "Beinchen, die wir festhalten können". Mit nach vorn ausgerichteten Unterarmen führt man mit beiden Händen eine ruckartige Greifbewegung aus.

-er: Bei der Endung **-er** gibt es durch das kleine **r** nur ein "Beinchen". Daher führen wir die Greifbewegung nur mit einer Hand aus, drehen sie dabei aber so, wie beim Umdrehen eines Schlüssels. Damit wollen wir das besonders kräftige "Festhalten" andeuten.

Später kann die Endung **-el** in Anlehnung an den Ort "wo das **L** wohnt", hinzugenommen werden:

-el: Zeige- und Mittelfinger (Zwei Finger für zwei Buchstaben) tippen kurz an das Kinn.

Die harten und weichen Konsonanten

Legasthenische Kinder haben bei diesen Konsonanten zwei Probleme: entweder verwechseln sie die harten mit den weichen Konsonanten (Babakei statt Papagei) oder ihnen unterlaufen die Spiegelbild- bzw. Drehungsverwechslungen (b = d = g). Für die Lösung dieser Probleme reichen Lautgebärden allein nicht aus. Weitere Hilfen werden in diesem Buch unter "Eselsbrücken" beschrieben.

P: Die rechte Hand wird zur Faust geschlossen und, mit dem Handrücken nach oben, waagerecht vor den Mund gehalten. Das /p/ wird dann so über den Handrücken hinweg gesprochen, als ob man etwas Watte davon herunterpusten wollte. Das Kind soll den Luftstrom spüren, auch im Vergleich zum /b/ -Laut.

T: Die geschlossene Faust wird wie eine Trompete in einem kleinen Abstand vor den Mund gehalten: "Trompete blasen".

K: Beide Hände werden zur Faust geschlossen und die Fingerknöchel beider Hände gegeneinandergeschlagen. Die gebeugten Finger erinnern an den Winkel, der bei der Buchstabenform an den senkrechten Strich angefügt ist.

B: Der Zeigefinger liegt auf den geschlossenen Lippen. Er wird beim Sprechen des Lautes, wenn die Lippen sich öffnen, leicht vom Mund fortbewegt.

D: Beide Daumen drücken gegeneinander: Daumen drücken. Die Gebärde erinnert zugleich daran, daß die Zunge gegen den Gaumen drückt.

G: Wir denken an einen Gänseschnabel. Daumen und Zeigefinger bewegen sich wie ein Schnabel auf und zu.

Die Umlaute und **eu** / **äu**

Bei den Umlauten betonen wir durch Zusatzgebärden zum ursprünglichen Laut, daß die beiden "Strichlein" nicht vergessen werden dürfen.

Ä: Die Gebärde für **A** wird gezeigt, zusätzlich aber "zappeln" die freien Finger.

Ö: *Beide* Zeigefinger zeigen die Gebärde für das **O** .

Ü: Die Gebärde für das **U** wird ebenfalls von *beiden* Zeigefingern gezeigt. Man kann auch stattdessen mit dem Zeige- und Mittelfinger einer Hand arbeiten.

Äu: Die Bewegung, die für den Laut **/Au/** von einer Hand ausgeführt wird, machen nunmehr *beide* Hände.

Eu: Es handelt sich um denselben Laut wie beim **Äu** . Um den Unterschied in der Schreibweise zu betonen, sprechen wir vom "Eulen-**Eu**" und bilden mit den Zeigefingern die "Eulenaugen" vor unseren eigenen Augen.

Die restlichen Buchstaben

Es gibt Kinder, bei denen es genügt, für das erste Silbentraining und später für die Unterscheidungsleistungen bei den formähnlichen Buchstaben und den Buchstaben für ähnliche Laute die bisher angeführten Geheimzeichen zu verwenden. Andere Legastheniker, vor allem, wenn sie als Leseanfänger bereits einmal im Leselernprozeß gescheitert sind, brauchen alle Lautgebärden.

Die Reihenfolge, in der man sie einführt, kann bei den nachfolgend aufgeführten Buchstaben verändert werden. In Förderkursen der Schulen sollte man sich an die Reihenfolge halten, die im "Kieler Leseaufbau" (Dummer, Hackethal 1984) empfohlen wird, weil dann die dazugehörenden Spiele und Wortkarten am besten genutzt werden können.

Ch: Das Gesicht wird leicht nach oben gewandt, Zeigefinger und Daumen bilden einen Halbkreis. Der Zeigefinger deutet in die Richtung der Zähne, der Daumen auf den Kehlkopf.

W: Beide Hände fächeln über die Schulter hinweg Luft nach hinten. Als Erinnerungshilfe benutzen wir den Stabreim "**W**ind **w**eht **w**eit **w**eg".

Z: Der Zeigefinger zeichnet sich in Augenhöhe eine Zickzack-Bewegung. Erinnerungsvorstellung bei dieser Bewegung ist der Blitz.

Sch: Beide Fäuste drücken kurz auf die aufgeblasenen Wangen, so daß die Luft mit einem Zischlaut entweicht. Wenn es nötig erscheint, auf die drei Buchstaben für diesen Laut besonders hinzuweisen, nimmt man statt der Fäuste jeweils drei Finger: Zeige-, Mittel- und Ringfinger.

J: Der Arm wird ausgestreckt neben dem Kopf in die Höhe gehalten und die Hand so abgewinkelt, daß sie etwa waagerecht über dem Kopf steht. Es sind zwei Assoziationen möglich: Andeuten der Größe eines großen Jungen oder Andeuten der Form des großen gedruckten Buchstabens.

ß: Die Vorstellung für diesen Laut ist das Zerreißen von Papier. Daumen, Zeige- und Mittelfinger beider Hände halten ein imaginäres Stück Papier fest und reißen es auseinander. Bei der Einführung des Buchstabens bekommt das Kind ein kleines Stück Papier, das es wirklich zerreißt.

V: Hier erinnern wir uns an den /f/-Laut und das entsprechende Zeichen. Da der Buchstabe V für denselben Laut steht, bilden wir mit Zeige- und Mittelfinger ein V und blasen den Luftstrom hindurch statt drüber.

Qu: Das Qu wird stets in dieser Verbindung angeboten, niemals als Q allein. Dabei betont man, daß qu wie kw klingt. Bildvorstellung ist das Quakmaul eines Frosches, das beide Hände nachbilden. Das "geöffnete" Quakmaul wird einmal kurz zugeklappt.

X: Beide Unterarme bilden in Brusthöhe vor dem Körper ein X

Y: Beide Unterarme werden mit den Händen nach oben aneinandergelegt. Die Hände bilden das offene Dreieck für den oberen Teil der Buchstabenform.

Darstellung der Lautgebärden siehe S. 133–135

Darstellung der Lautgebärden

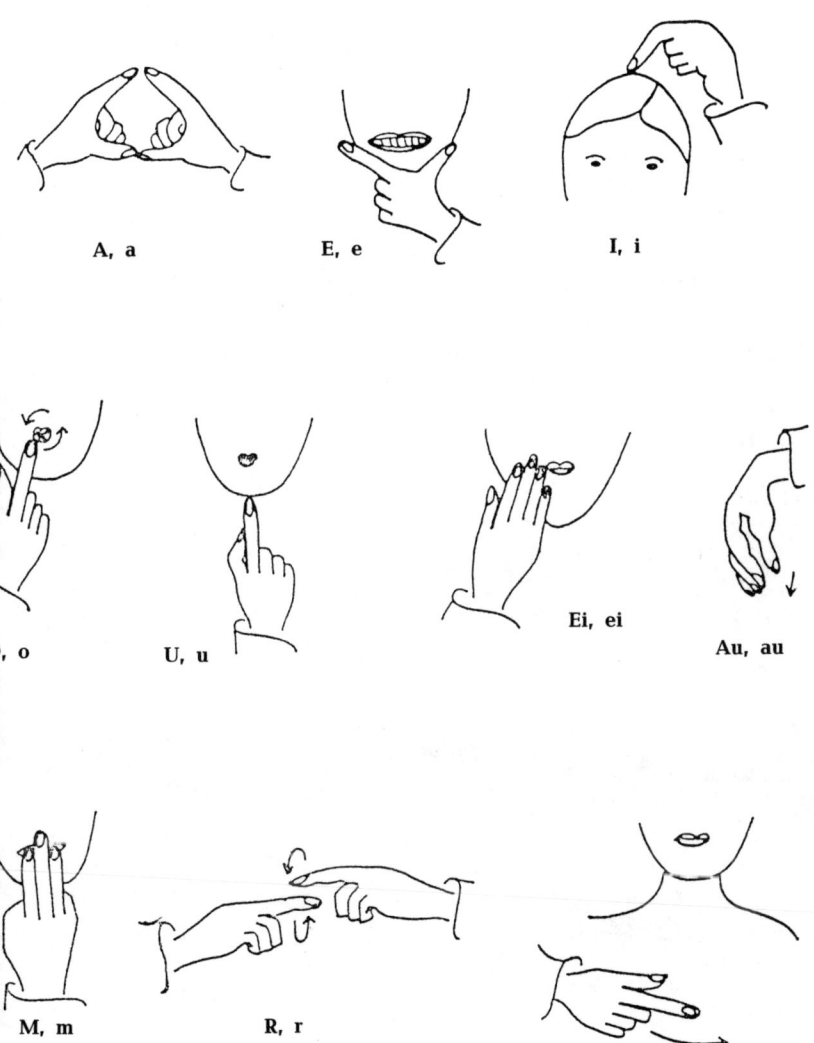

A, a E, e I, i

), o U, u Ei, ei Au, au

M, m R, r

S, s

L, l

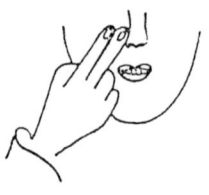

N, n

F, f

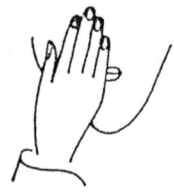

H, h

-en

-er

Ch, ch

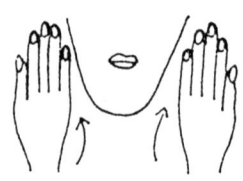

W, w

Z, z

P, p

T, t

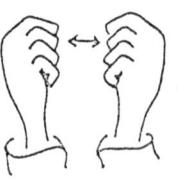

K, k

134

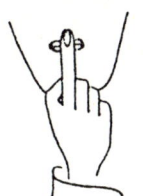
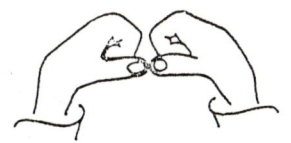
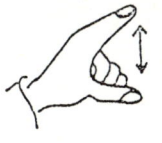

B, b   **D, d**   **G, g**

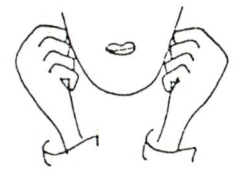
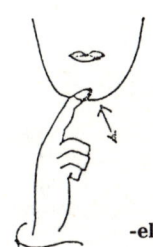

Eu, eu   **Sch, sch**   **-el**

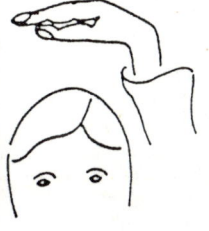
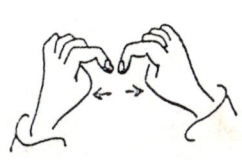

J, j   **ß**   **V, v**

Sachregister

Lotte Schenk-Danzinger

Legasthenie

Zerebral-funktionelle Interpretation, Diagnose und Therapie

2., neubearbeitete Auflage 1991. 311 Seiten. 128 Abb. Geb.
(3-497-01237-8)

Der Autorin geht es um jene Schüler, die trotz intaktem Milieu, trotz
normaler bis guter Intelligenz und entsprechendem Unterricht erhebliche Schwierigkeiten beim Lesen und Rechtschreiben haben.
Diesen Kindern kann geholfen werden. Breiten Raum nimmt daher
die Kasuistik ein, die die verschiedenen Varianten der Erscheinungsformen und der Schülerschicksale deutlich machen soll. Hinweise zur Diagnostik und Therapie, Beispiele von Arbeitsmateria-
lien sowie deren Anwendung beschließen den praktischen Teil.

Aus dem Inhalt

Forschungsgeschichte
Ätiologie der Legasthenie
Die Spezialisierung der
  Hemisphären und der
  Leseprozeß
Hirnforschung: die Symptome
  der klassischen Legasthenie
Die möglichen Ursachen einer
  klassischen Legasthenie
Legasthenie und Minimale
  Cerebrale Dysfunktion (MCD)
Zum Problem der Lateralität
Legasthenikerfamilien
Die klassische Legasthenie und
  die psychische und soziale
  Situation
Mangel an kognitiver und
  sprachlicher Förderung

Die Diagnose der klassischen
  Legasthenie
Auswirkungen der IQ-Messung
Die häufigsten Diagnose-
  methoden
Diagnostische Leistungsprüfun-
  gen in der Grundschule
Untersuchungen über den Stand
  der Sprachentwicklung
Prüfung der visuellen Leistun-
  gen
Feststellung der Handdominanz
Die Behandlung der Legasthe-
  nie, ein Aufgabenbereich der
  Schule
Lese- und Rechtschreibtraining
Allgemeines Sprachtraining
Kasuistik

Ernst Reinhardt Verlag München Basel

Beate Lohmann

Rechtschreiben = richtig schreiben

Ein Programm für die 3., 4. und 5. Klasse
Übungsbuch

2. Auflage 1990. VIII, 127 Seiten. DIN A 4 quer. Kt (3-497-01221-1)

Lesen und Schreiben ist für alle lese-rechtschreib-schwachen Gruppen erlernbar. Als praktische Hilfe für diese Kinder, Jugendliche und Erwachsene bietet das Buch Lernmaterial, welches sich in langjähriger intensiver Arbeit mit lese- und rechtschreibschwachen Schülern bewährt hat. Durch die Verbindung von *Sehen, Hören* und *Üben* stellt sich beim Betroffenen ein Wissen über die Regelhaftigkeit der Rechtschreibung ein.

Aus dem Inhalt

Arbeitsanleitung
Funktionsübungen: Visuelle
  und akustische Unter-
  scheidung
Schärfungen
  Mitlautverdoppelung
  s – ss – ß
  z – tz
  k – ck
Dehnungen
  i – ie – ieh – ih
  Achtung! Kein Dehnungs-h
  a – ah – aa – ä – äh
  e – eh – ee
  o – oh – oo – ö – öh
  u – uh – ü – üh

Mal so – mal so
  v – f
  ä – e, äu – eu
  ai – ei
  x – ks – cks – chs – gs
Groß- oder Kleinschreibung
  Hauptwort, Tätigkeitswort
  Eigenschaftswort
  Tätigkeitswort groß
  Eigenschaftswort groß
Zusammen- und Getrennt-
  schreibung: Hauptwort,
  Tätigkeitswort, Eigenschafts-
  wort, Wörter mit -zu
Satzzeichen: Schlußzeichen,
  Redezeichen, Komma

Ernst Reinhardt Verlag München Basel

Beate Lohmann

Müssen Legastheniker Schulversager sein?

("Kinder sind Kinder"; 6)
3., aktualisierte Auflage 1997. 109 Seiten, 12 Abb. Kart. (3-497-01422-2)

Lese- und Rechtschreibschwäche ist nicht nur für die betroffenen Familien ein Problem, sondern vor allem für die Kinder selbst eine große seelische Belastung. Legasthenie zu erkennen und richtig damit umzugehen, ist deshalb von zentraler Bedeutung. Eine falsche Einschätzung des Phänomens Legasthenie kann das Schul- und Berufsleben deutlich beeinträchtigen. Eltern und Schule müssen die andersartige Entwicklung dieser Kinder erkennen und ihre speziellen Begabungen fördern lernen.

Alfred Zuckrigl

Linkshändige Kinder in Familie und Schule

("Kinder sind Kinder"; 1)
5., ergänzte Auflage 1995. 96 Seiten, 18 Abb. Kart. (3-497-01370-6)

Linkshänder gibt es überall und gab es zu allen Zeiten. Manche haben Schwierigkeiten in der Rechtshänderzivilisation und können sich nicht ihrer Veranlagung gemäß entfalten. Prof. Dr. Zuckrigl, der auf diesem Gebiet auf eine reiche Erfahrung zurückgreifen kann, erklärt auf verständliche Weise den Zusammenhang zwischen Händigkeit und Gehirnorganisation. Er bietet wissenschaftlich begründete Entscheidungshilfen an, unter anderem für die Wahl der Schreibhand. Neben Funktionsproben und Testverfahren werden vor allem Methoden gezeigt, wie wir linksveranlagte Kinder fördern können.

Ernst Reinhardt Verlag München Basel

Erwin Richter, Walburga Brügge, Katharina Mohs
So lernen Kinder sprechen
Die normale und die gestörte Sprachentwicklung

("Kinder sind Kinder"; 9)
3., neubearbeitete Auflage 1997. 94 Seiten. Kart. (3-497-01424-9)

Wie lange darf ein Kind Fehler beim Sprechen machen? Was können Eltern für die Sprachentwicklung ihres Kindes tun? Dieses Buch gibt Eltern und ErzieherInnen einen Überblick über den Verlauf der normalen Sprachentwicklung und erläutert die dazu notwendigen Voraussetzungen. Mögliche Störungen werden aufgezeigt und erklärt. Die AutorInnen geben Anregungen, wie Eltern die Sprachentwicklung ihres Kindes unterstützen und fördern und wie sie fachliche Beratung und Therapie finden können.

Erwin Richter, Walburga Brügge, Katharina Mohs
Wenn ein Kind anfängt zu stottern
Ratgeber für Eltern und Erzieher

("Kinder sind Kinder"; 2)
3., neubearbeitete Auflage 1998. 75 Seiten. Kart. (3-497-01450-8)

Unflüssiges Sprechen kommt im Vorschulalter häufig vor. Nicht immer handelt es sich dabei um Stottern. Gibt es Merkmale zur Unterscheidung von entwicklungsbedingten Unflüssigkeiten und beginnendem Stottern? Wann sollten sich Eltern um Hilfestellung bemühen? Dieses Buch wendet sich an alle Eltern, die sich Sorgen über Unflüssigkeiten im Sprechablauf ihres Kindes machen, und gibt Informationen über Stottern und andere Redeflußstörungen für alle, die Kinder im Vorschulalter oder in der Grundschule betreuen. die Die Ratschläge für den Umgang mit auftretenden Sprechunflüssigkeiten wurden erweitert und durch Beispiele und Schaubilder näher erläutert.

Ernst Reinhardt Verlag München Basel

Karin Elke Krüll

Rechenschwäche – was tun?

2. Auflage 1996. 131 Seiten. Kart. (3-497-01340-4)

Dieses Buch ist aus der Praxis heraus entstanden, die Autorin behandelt seit Jahren Kinder mit Rechenschwäche. Sie kann daher kompetent und verständlich Antwort auf die zahlreichen Fragen von Eltern und Lehrern geben: Woran erkennt man Rechenschwäche? Wie kommt sie zustande? Wie sieht es mit der Schullaufbahn aus? Was können wir tun? Was sollten wir nicht tun?

Aus dem Inhalt

Was ist Rechenschwäche?

Rechenschwäche erzeugt Leidensdruck

Der Mathematikstoff der Grundschule: Rechenfertigkeit erwerben. Einsicht in den Zahlenraum. Situationen als Ausgangspunkt fürs Rechnen. Die Logik im Zahlensystem. Handwerkszeug im Umgang mit Zahlen

Jedes Kind lernt anders: Unterschiedliche Interessen, Vorkenntnisse, Lösungswege. Umgang mit Anschauungshilfen. Kognitiver Entwicklungsstand. Individuelles Tempo. Eigene Erfindungen. Mut zu Fehlern, Selbstvertrauen, Selbständigkeit

Ursachen von Rechenschwäche: Verschiedene Theorien, Ursachengeflecht. Intelligenzstruktur. Wahrnehmungsleistungen. Kognitive Stützfunktionen. "Leitfaden zur Untersuchung von Teilleistungsstörungen." Probleme beim Zusammenwirken aller Einzelfunktionen

Diagnostik der Rechenschwäche: Erste Anzeichen. IQ, Intelligenzprofil. Häufig beobachtete Auffälligkeiten. Typische Fehler. "Lautes Denken". "Blitzfehleranalyse". Förderdiagnostik

Rechenschwäche behandeln: Ziele. Gesetzliche Grundlagen. Strukturiertes Vorgehen. Strukturiertes Anschauungsmaterial. Automatisierung von Grundbeziehungen. Drei-Minuten-Training. Aufbau eines Zahlenraumes in der Vorstellung

Das Gedächtnis – wichtiger Helfer beim Rechnen

Besondere Hürden beim Rechnenlernen: Zuordnung von Zahl zu Menge. Verinnerlichung. Zehnerübergang. Grenzen des Vertauschungsgesetzes. Die Null. Das Doppelte, die Hälfte. Analogien. Sich von Anschauungsmitteln lösen

Ernst Reinhardt Verlag München Basel

Karlheinz Barth

Lernschwächen früh erkennen

im Vorschul- und Grundschulalter

1997. 244 Seiten. Zahlreiche Abbildungen. Kart. (3-497-01448-6)

Eine beträchtliche Anzahl von Kindern entwickelt nach der Einschulung – oftmals trotz guter Intelligenz – besondere Schwierigkeiten im Erwerb des Lesens, Rechtschreibens und/oder Rechnens. Lernstörungen ziehen weitreichende emotionale und soziale Folgestörungen nach sich. Frühzeitiges Erkennen von Lern- und Entwicklungsauffälligkeiten ist daher von fundamentaler Bedeutung, will man die negativen Auswirkungen von Leistungsversagen auf die Persönlichkeitsentwicklung von Kindern verhindern oder mildern. Das Buch gibt einen Überblick über den derzeitigen Forschungsstand, zeigt konkrete Möglichkeiten der Früherkennung auf und will besonders Lehrern, Erziehern und Eltern helfen, die Lernstörungen ihrer Kinder besser zu verstehen.

Ebenfalls lieferbar: das dazugehörige Arbeitsheft

Karlheinz Barth

Die diagnostischen Einschätzskalen (DES) zur Beurteilung des Entwicklungsstandes und der Schulfähigkeit

Handanweisung – Aufgabenteil – Auswertungs- und Einschätzbogen – Entwicklungsprofilbogen

Format Din A4, 48 Seiten. Geheftet(3-497-01452-4)

Ernst Reinhardt Verlag München Basel